大数据时代高校英语混合式教学研究

柳佳莹　宋　华◎著

重庆出版集团　重庆出版社

图书在版编目 (CIP) 数据

大数据时代高校英语混合式教学研究/柳佳莹，宋华著.—重庆：重庆出版社，2023.6
ISBN 978-7-229-17662-4

Ⅰ.①大… Ⅱ.①柳… ②宋… Ⅲ.①英语－教学研究－高等学校 Ⅳ.①H319.3

中国国家版本馆 CIP 数据核字(2023)第 090494 号

大数据时代高校英语混合式教学研究
DASHUJU SHIDAI GAOXIAO YINGYU HUNHESHI JIAOXUE YANJIU

柳佳莹　宋　华　著

责任编辑：钟丽娟
责任校对：何建云

重庆出版集团　出版
重庆出版社

重庆市南岸区南滨路 162 号 1 幢　邮编：400061　http://www.cqph.com

北京四海锦诚印刷技术有限公司印刷
重庆出版集团图书发行有限公司发行
E-MAIL:fxchu@cqph.com　邮购电话:023-61520646
全国新华书店经销

开本:787mm×1092mm　1/16　印张:9.25　字数：210 千
2025 年 1 月第 1 版　2025 年 1 月第 1 次印刷
ISBN 978-7-229-17662-4

定价:68.00元

如有印装质量问题，请向本集团图书发行有限公司调换:023-61520678

前　言

　　长期以来，课堂面对面的教学模式在学校教育中占据主要地位，但是，随着网络信息技术的高度发展和教育理念的不断更新，传统的教学模式越来越难以满足社会对优秀人才的大量需求，也难以满足高校英语教学对于学生个性化发展及综合素质培养的要求。在此背景下，混合式学习作为一种能将线上学习和线下传统课堂教学的优势相结合的学习模式，越来越受到教育界的关注，就目前来看，混合式学习已成为高校英语教学的主流模式，然而，在当前大数据时代背景下，英语混合式学习的理论研究与实践应用的发展并不协调，这导致英语混合式学习模式存在一定的片面性。因此，在高校英语教学与混合式学习模式结合的过程中，必须明确混合式学习不是一个制度性的任务，它是基于某种特殊需求而开展的教学活动，所以，只有充分发挥教师引导、启发、监控学习过程的主导作用，充分体现学习者的主动性、积极性、创造性，才能获得最佳的学习效果。

　　基于此，笔者撰写了《大数据时代高校英语混合式教学研究》一书，在内容编排上共设置五章，分别为：高校英语教学概论、高校英语课堂中混合式教学的内容体系、大数据时代信息技术与高校英语教学融合、大数据时代高校英语混合式教学模式构建、大数据时代高校英语混合式教学创新实践。

　　本书有如下特点：

　　第一，知识点全面。在对混合式学习与高校英语教学基础知识进行概述的基础上，从英语听力、英语口语、英语阅读、英语写作、英语翻译等多方面分析了混合式学习模式在英语教学中的应用，涵盖内容广泛，且有一定的针对性。

　　第二，理论联系实际。在分析混合式学习模式应用于英语教学时，对当前的高校英语教学现状进行了分析，并结合实际情况提出了具体的应用策略，具有较强的实用性。

　　在撰写过程中，笔者吸收借鉴了前人的优秀研究成果，形成了自己的观点，也就一些有争议的问题请教了相关的专家，以期本书能够为高校英语教学研究事业贡献自己的力量。但是，由于学术水平有限，本书可能还存在很多不足之处，还望广大读者不吝批评指教。最后，笔者对给予本书巨大帮助的亲朋好友致以最诚挚的感谢。

目录

第一章　高校英语教学概论

第一节　高校英语教学的理论依据

一、高校英语教学的理论依据——体系研究

不同的英语教学方法源于对语言教学的不同看法，以及对语言学习的不同理解。为了更好地认识和理解英语教学，需要了解和学习影响英语教学的理论基础。

（一）社会语言学

社会语言学是研究语言的社会本质和差别以及社会因素的一门学科。社会语言学认为，语言的本质功能是语言的社会交际功能。其中，社会化的过程是一个人习得母语的最好环境，不仅使他们理解本族语的习惯并说出符合语法的句子，还能在一定场合和情境中恰当地使用语言。

交际能力是指个体在社会交往中运用语言的能力，它不仅包括语言行为的语法正确性，还包括语言行为在社交场合中的得体性。这种能力既涵盖了语言的基本运用能力，也包含了对社会文化意识的认知和理解，因为社会文化背景会影响语言的使用方式和规范。

（二）比较语言学

比较语言学起源于 18 世纪至 19 世纪的欧洲。比较语言学主要研究印欧语系中语言的语音系统。比较语言学是将有关各种语言放在一起加以比较，或将同一种语言历史发展的各个阶段进行比较，找出它们之间在语音、词汇、语法上的对应关系和异同的一门学科。利用比较语言学既可以研究相关语言之间在结构上的亲缘关系，找出它们的共同母语，又可以找出语言发展、变化的轨迹和导致语言发展、变化的原因。这门学科在 19 世纪被广泛应用于印欧语的语言研究中，并取得了较大成就。

（三）行为主义心理学

行为主义心理学兴起于 20 世纪 50 年代的美国，其代表人物主要有华生和斯金纳，他们将学习看作是刺激与反应的联结，并提出一个假设，即行为是学习者对环境刺激所做出

的反应。他们将环境看成刺激，把有机体行为当作反应，认为所有的行为都是通过学习获得的。行为主义在学习理论中发挥了重要作用，特别是巴甫洛夫的经典条件反射和斯金纳的操作条件反射理论，在人类的学习中被广泛应用。

人们的言语、言语的每一部分都是由于某种刺激的存在而产生，这里的"某种刺激"可能是言语刺激，也可能是外部刺激或内部刺激。人的言语行为和大多数其他行为一样，是一种操作性行为，是通过各种强化手段获得的。因此，课堂上如果学生做出操作性反应后，教师需要及时给予强化；学生答对问题时要说"好"或"正确"，答错时要说"不对"或"错误"，这样，学生的言语行为会得到不断强化，发生错误的可能性会逐渐降低，从而学会使用与语言反射区相适应的语言形式。

（四）人本主义心理学

20 世纪五六十年代，人本主义心理学在美国兴起，与行为主义心理学和心理分析心理学形成对立。人本主义心理学的主要代表人物有马斯洛和罗杰斯，他们强调教育的作用在于提供一个安全、自由、充满人情味的心理环境，使人类固有的优异潜能得以自动实现。人本主义心理学的主要理论是"情意教学过程论"和"以学生为中心的教学模式论"。

人本主义心理学强调学习者内心世界的重要性，并且把个人思想、意愿与情感放在所有人发展的中心地位。人本主义所倡导的学习理论不同于行为主义和认知心理学，从验证性研究中得到原则后再形成推论，而是根据经验原则提出观点与建议。此外，人本主义学习理论不限于对片面行为的解释，而是扩大至对学习者整个成长历程的解释。

人本主义学习理论的基本观点包括：第一，强调人的价值，重视人的意识所具有的主观性，选择能力和意愿；第二，学习是人的自我实现，是丰富人性的形成；第三，学习者是学习的主体，必须受到尊重，任何正常的学习者都能自己教育自己；第四，人际关系是有效学习的重要条件，在学与教的活动中创造"接受"的气氛。

由此可见，人本主义学习理论的最大特点是重视学习的感情因素。因此，教师在语言教学过程中，要以学习者为中心，突出学习过程和自我实现的价值，贯彻"以人为本"的原则。

（五）输出假设

输出假设是斯温根据"沉浸式"教学实验提出来的，主要观点是语言输入是二语习得的必要条件，但不是充分条件：要使学习者达到较高的外语水平，除了依靠可理解性输入，还要有可理解性输出；学生需要被迫使用现有语言资源，需要对将要输出的语言进行构思，保证其更恰当、更准确，并能被听者理解。这样，既可以提高学习者语言使用的流利程度，又能使他们意识到自己在语言使用中存在的问题。因此，在外语教学课堂上，教师应该给学生足够的时间和机会使用语言，以提高学生语言使用的流利性和准确性。

（六）结构主义语言学

从19世纪末到20世纪中期，很多学者如帕西、布龙非尔德、斯威特、韩礼德等，都对语言的结构进行分析和研究，并提出很多重要的观点。在众多研究中，美国和英国的语言学家对结构主义语言学的研究做出重要贡献。

1. 美国结构主义语言学

美国结构主义语言学是从研究美洲印第安人口语语言开始。由于印第安人的语言没有文字形式，所以他们想办法用语言符号（如国际音标）把自己口述的话如实地记录下来，然后对收集到的口语样本进行分析，研究它们的结构和特征。之后，美国结构主义语言学家用"描写"方法研究英语及其他印欧语系的语言。语言学认为语言可看作一个把意义编成语码的系统。这个系统主要由结构相关的成分构成，包括音位、词素、单词、结构和句型。一个语言系统主要包括音位系统、词素系统和句法系统三个方面。

（1）音位系统。在音位系统中，不仅应该对音位、音位变体、音位组合的规则进行描述，还应该对连贯话语中的语音现象进行描述。

（2）词素系统。在词素系统中，应该对词素、词素变体、自由词素和黏着词素等成分和结构加以描述。

（3）句法系统。在句法系统中，应该对词的分类、短语分析、直接成分分析和句型的类型进行描述。

学习语言应该学习口语，而学习口语应该从学习某种语言的"当地人"所说的话开始。美国结构主义语言学家还发现语言有独特结构，不同的语言有不同的音位系统、词素系统和句法系统。同样，不同的语言在音位系统、词素系统和句法系统中的成分、结构也不同。因此，学习语言要注重其差异性。

鉴于语言的差异性特征，美国结构主义语言学认为学习外语语言还受到母语的干扰和影响，学习外语需要克服因外语语言结构和母语结构上的差异而产生的困难和错误。如果母语结构和外语结构相同，学习也不会产生困难和错误，也不需要教师的教授。

2. 英国结构主义语言学

英国语言学家在对语言结构，特别是句型结构研究上取得了卓越成效和显著成果。对英国语言结构研究做出重要贡献的人物有帕尔默（H. Palmer）、霍恩比等，这些语言学家从20世纪20年代开始，共同分析、总结主要的英语语法结构，把英语语法结构归纳成一定的句型。

英国语言学家的主要研究成果，可以从霍恩比所著的《牛津高级现代英语词典》《高级现代英语词典》等著作中看出来。霍恩比在所著的《英语句型和惯用法》一书中，归纳了较多的英语句型，包括 25 种动词句型、5 种名词句型、3 种形容词句型。霍恩比还通过大量的实例，说明这些句型的意义和句型与句型之间的转换性。例如，Most people considered him（to be）innocent 可转换为 Most people considered（that）he was innocent。与美国结构主义语言学研究不同，英国结构主义语言学的研究更加强调语言结构和结构使用情景之间的关系。

二、高校英语教学的理论依据——关系辨析

（一）英语与汉语的关系

1. 英语与汉语的迁移现象

汉语是中国人的母语，人们在开始学习英语时已经能够流利地使用汉语进行交际。换言之，人们已经掌握了一定量的汉语词汇和基本语法，具备使用汉语进行听说和读写的能力，而英语是人们作为一门外语学习的目标语。在谈到母语和目标语之间的关系时，人们经常谈到的是"迁移"问题。迁移原是一个心理学术语，指学习过程中学习者已有的知识或技能会对新知识或技能的获得产生影响。

20 世纪 50 年代，语言教学研究吸纳了迁移理论，认为母语迁移会影响外语学习。迁移是外语学习者经常采用的一种学习策略，指学习者利用已知的语言知识理解新的语言，这种现象在英语学习的初级阶段出现得最为频繁。因为学习者对英语的语法规则并不熟悉，只有汉语可以依赖，所以汉语内容很容易被迁移到英语中。如果母语对目标语的学习起到积极影响，这种现象被称为正迁移；如果母语对于目标语的学习起到消极影响，被称为负迁移。

在迁移现象研究中，有三种主要理论：对比分析假说、标记理论和认知理论。对比分析学派认为母语和目标语的差异会导致负迁移的发生。两种语言（母语和目标语）相似引起正迁移；两种语言相异引起负迁移。学生在接触一门外语时会发现，该语言有的特征容易掌握，而掌握另一些特征时则极其困难。其中，与母语相似的成分简单，而相异的成分困难。除了母语和目标语的异同之外，在考察语言迁移问题时，还需要考虑母语在哪个阶段、在怎样条件下影响目标语的学习。从学习阶段来看，在初学阶段，学习者由于缺乏足够的目标语知识，在表达中更多地依赖母语，因此，这一阶段有可能较多地出现母语知识的负迁移。中国学生在学习英语过程中，语言迁移表现在语音、词汇和语法等各个层面上。

（1）语音迁移。语音迁移是语言迁移中最为明显也是最为持久的现象。人们普遍认为第一语言对第二语言习得具有很强的影响，最为明显的证据是第二语言学习者的外国口音。英语和汉语分属不同语系，两者在语音方面存在很大差异。第一，汉语是一种声调语言，用四声辨别不同意义。在英语中，语调起到非常重要的作用，这一点很容易给北方方

言的学生造成特殊语音语调的困难。第二，英语和汉语的音素体系差别较大，两种语言没有发音完全一样的音素。

（2）词汇迁移。初学英语的人很容易认为英汉语的词汇存在对应关系，每个汉语语汇都可以在英语中找到相应单词。其实，一个单词在另一种语言中的对应词可以有几种不同的意义，因为两者的语义场不相吻合，可呈现重叠、交叉和空缺等形式。例如，汉语中的"重"一词，在英语里有"heavy"与之对应，但是"heavy"的意义与"重"一词并不是完全吻合，在英语中有许多表达方法，并不是汉语中的一个"重"字所能解决的。初学英语的人往往会把汉语的搭配习惯错误地移植到英语中，于是出现不合乎英语表达习惯的句子。此外，英汉两种语言文化的差异也会导致两种语言词汇意义的差异。除少量的科技术语、专有名词在两种语言中意义相当之外，其他词汇含义在两种语言中都或多或少存在差异，这些差异有可能导致负迁移现象的发生。

（3）句法迁移。句法是组词造句的规则，也就是语法。英汉两种语言在句法方面存在相同之处，也存在很大的差异性。首先，汉语是一种分析性语言，没有严格意义上的形态变化，主要通过词序和虚词的使用，表达各种句法关系。英语和汉语的这种差异，很容易使中国英语学习者产生困惑，尤其是对初学者而言，很容易受到汉语影响，在使用英语时忘记词汇形态变化，如名词的单复数、代词的主格与宾格形式、动词的时态变化等。其次，英语重形合，句子中的词语和分句之间通过语言形式手段（如关联词）表达意义和逻辑关系；汉语重意合，意义和逻辑关系往往通过词语和分句的意义表达。受此影响，中国学生在使用英语时会按照汉语习惯，简单地把一连串单句罗列在一起，不用或者较少使用连词。另外，英语和汉语在静态和动态方面也呈现出一定差异性。英语倾向于用名词，因而叙述呈静态；汉语多用动词，叙述呈动态。例如，"He is a good eater and a good sleeper."。句子中，只用"eater"和"sleeper"两个名词，而相对应汉语应该是"他能吃能睡"。如果要求学生把汉语句子译成英语，他们首先想到是"He eats and sleeps well."。英语名词化的特点使中国学生感到不适应，在写作中这一点表现得最为突出。

由于英汉两种语言之间存在很多相似或者吻合的地方，中国学生在学习英语时可以利用已有的汉语知识，促进英语的学习。例如，汉语中的形容词都位于所修饰的名词前，而英语同样如此。当学生学习"beautiful"和"flower"两个词之后，会很自然地说出"a beautiful flower"。英语和汉语句子结构的相似性，也使正迁移成为可能。

2. 英语与汉语的关系处理

一个民族的母语是其民族的特征之一，母语教学对于培养学生爱国主义情感具有重要意义。如果因为外语学习而忽视母语学习，会导致严重的后果。因此，在处理汉语和英语关系方面，应该注意以下两个问题：

（1）在全社会重视英语教学的同时，决不可忽视汉语的学习。经济的全球化和科学技术的国际化,正在成为新的时代特征,英语作为国际交往中最为重要的交流与沟通工具,其重要性已经被越来越多的人所认可,英语教育也是教育主管部门和学校领导所关注的重点问题之一。另外,为了满足人们英语学习的需求,各种教学方法、丰富多彩的学习用书、音像制品和软件应运而生,对于创造良好的英语学习环境,培养具有国际竞争能力的高素质人才,从而提高我国在国际竞争中的实力。

(2)克服负向迁移,促进正向迁移。在对待汉语和英语之间的关系方面,有两种截然相反,但都不可取的态度。

第一,依靠汉语教授英语。英语教学的目的是培养学生使用英语进行交际能力。这种能力必须使学生大量地接触英语和使用英语才能获得,而英语教学的课时有限,要在有限的课时内最大限度地使学生接触和使用英语,必须使用英语进行课堂教学。对于中国学生而言,汉语是母语,学生在学习英语时会自觉或不自觉地与汉语进行比较,如果在教学过程中过多地采用汉语,学生会很难摆脱对汉语的依赖,养成一种以汉语作"中介"的不良习惯,在听、说、读、写等语言活动中会不断把听到的、读到的以及要表达的英语转换成汉语,这样很难流利地使用英语,也不能写出或讲出地道的英语。

第二,完全摆脱汉语,全部用英语教学。英语课堂上使用汉语需要注意两点:①汉语作为教学手段,使用方便,易于理解,但是汉语利用不宜频繁。在解释某些意义抽象的单词或复杂的句子时,如果没有已经学过的词汇可以利用,可以使用汉语进行解释;也可以对发音要领、语法等难以用英语解释的内容使用汉语进行简要说明。②利用英语和汉语之间的比较,可以提高教学的预见性和针对性。某些内容为英语所特有,学生学习比较困难,教师应该有针对性地将其作为教学重点,适当增加练习量。对于两种语言中相似但是又不相同的内容,学生很容易受到汉语干扰,教师在教学过程中应多加注意。

(二)语言与文化的关系

语言与文化密不可分,语言具有丰富的文化内涵,英语学习中有许多跨文化交际因素,这些因素在很大程度上影响英语的学习和使用。文化指所学语言国家的历史地理、风土人情、传统习俗、生活方式、文学艺术、行为规范、价值观念等,不仅包括城市、组织、学校等物质部分,而且包括思想、习惯、家庭模式、语言等非物质部分。

语言与文化具有密切关系,主要表现在:第一,语言是文化的重要组成部分。从文化内涵来看,文化包括一个民族在长期历史进程中创造的物质财富和精神财富,而语言正是精神财富的一个组成部分。第二,语言是文化载体,也是反映文化的一面镜子。语言反映一个民族的文化,解释该民族文化内容。第三,语言与文化相互影响、相互作用。因此,理解语言必须了解文化,理解文化必须了解语言。

语言具有丰富的文化内涵,不具备文化内涵的语言基本上是不存在的。在一种语言中,从单词到语篇都可以体现文化内涵。在单词层面,英汉两种语言具有很大的差异性,有的词只存在英语中，汉语中没有对应词汇。另外，在英汉两种语言中，某些词语似乎指代同一事物或概念，其实不然。例如，"service station"不等于"服务站"，而"rest"也不等于"休息室"；某些事物或概念在一种语言中只有一两种表达方式，而在另一种语言中则有多种表达方式，如汉语有一个复杂的词汇系统表示各种亲戚关系，有姑妈、姨妈、舅父、外祖父、外祖母等，而在英语中，相关的表达方式要简单得多。对于词汇而言，英汉的基本意义大体相同，但是派生意义的区别较大。

在短语、成语、谚语层面，英汉两种语言也体现出很大的文化差异性。尤其是成语问题，更为复杂。例如，谚语是民间流传的至理名言，往往能反映一个民族的地理、历史、社会制度、社会观点和态度，如"要知朝中事，乡间问老农""衙门自古朝南开，有理没钱莫进来"等带有明显的中国文化内涵，而"An apple a day keeps the doctor away"和"You can't teach an old dog new tricks"则具有明显的英语文化内涵。

英汉两种语言文化的差异也导致文化迁移现象的产生。文化迁移指由于文化差异而引起的文化干扰，表现在跨文化交际或外语学习时，人们下意识地用自己的文化准则和价值观指导言语和思想，并以此为标准，判断他人的言行和思想。

文化内涵分为三个层次：第一个层次是物质文化，是经过人的主观意志加工改造过的；第二个层次是制度文化，主要包括政治及经济制度、法律、文艺作品、人际关系、习惯行为等；第三个层次是心理层次，或称为观念文化，包括人的价值观念、思维方式、审美情趣、道德情操、民族心理等。根据这一分类，可以把文化迁移分为表层文化迁移和深层文化迁移。物质文化和制度文化的文化迁移属于表层文化迁移，因为这些文化要素是容易观察到的，人们稍加注意就可以感觉到不同文化在这些方面的差异。深层文化迁移指第三层次中文化要素的迁移，由于它属于心理层次，涉及人们的观念和思想，所以在跨文化交际中不容易被注意到。与语言迁移相比，文化迁移更容易给学生造成交际障碍。因为本族文化根深蒂固，人们受到本族语文化的熏陶，其言行无一不受到本族语文化的影响与制约。

与语言迁移类似，文化迁移也有正负迁移之区别。以往关于外语学习中的迁移理论，在对待母语以及母语文化干扰问题时，对负干扰研究得较多、较透彻，同时，对负迁移的作用也有夸大之嫌。因此，外语文化教学也不能忽视母语文化的教学。首先，教授和发现影响传递信息的各种文化因素（包括语言的和非语言的），必须以英语学习者的母语文化，即汉语文化为比较对象，只有通过两种文化差异比较，才能找到影响交际的各种因素。通过比较可以发现，确定目标语文化知识是教学的重点、难点，教师应在教学中做到有的放矢，提高单位时间内的教学效率。其次，英语教学不仅是介绍和引进国外文化、知识、技术、科学等人才，也担负着中国文化输出的任务。在进行西方文化知识教学的过程中，如果忽视中国文化教学，甚至还会造成不良的心理，以致不能以平等的心态与对方进行交际，造成跨文化交际障碍，从而影响跨文化交际能力的培养。

（三）外国文化与中国文化的关系

充分掌握汉语与汉语文化，也是英语学习和英语交际能力不可分割的重要组成部分。因此，在处理外国文化与中国文化关系方面，要注意以下问题：

（1）传授文化知识。从培养学生的英语交际能力角度来看，英语教学不是单纯的语言教学，还应开阔学生视野，了解英语国家的文化和社会风俗习惯。因此，英语教学中需要渗透有关文化知识的教育。从素质教育角度来看，需要培养适应国际竞争要求的、具有现代意识的人才，他们应该面向世界，思想开放，善于吸收其他民族的优秀文化，从而提高本民族的文化素质。在这一方面，英语教学肩负着不可推卸的责任。但是文化知识的教育必须适度，应该渗透到英语教学中，与英语教学相结合，不能为了传授文化而传授文化。

在英语教学中，文化知识的传授主要通过在英语教学中导入文化内容，主要方法包括注释、比较、融入和体验。注释指在教材中对具有文化内涵的内容进行注释和讲解。这种方法的优点在于具有很强的针对性；缺点在于比较零散，缺乏系统性。比较指在教学中对中国文化和外国文化进行比较，从而发现两种文化中的异同，有效加深学生对于两种文化的理解，有效培养文化意识。融入指直接把外国文化或中国文化内容作为英语教学材料，如一篇介绍英国风土人情的文章或者介绍中国茶文化的文章，可以把语言学习与文化学习有效地结合起来。体验指通过具体的语言实践学习和了解外国文化，如观看英语原版电影、卡通片，阅读英语文学作品，举行圣诞晚会等。

（2）在传授外国文化知识的同时，不应忽视对本国文化知识的传授。目前，我国英语教学实践中还存在对汉语文化知识教学不够重视的问题。许多有一定英文基础的中国青年学者在与西方人交往过程中，并没有表现出一个由世界文明古国学者所应具有的深厚文化素养和独立的文化人格。

（3）培养学生的跨文化意识。跨文化意识指学生对于外国文化和中国文化异同的敏感程度，以及在语言交际过程中根据外国文化调整语言行为的自觉性。传授文化知识的目的在于培养学生的跨文化意识，使他们能够自觉按照英语的文化习惯使用英语。在培养学生跨文化意识的同时，还要注意培养学生的文化平等意识。

（4）培养学生的文化鉴赏能力。大学生的价值观与道德观都处在形成的过程中，他们的思想较为活跃，易于接受新鲜事物，但是又缺乏一定的鉴别能力。在学习异国文化的过程中，如果不善加引导，很容易使学生盲目地接受西方文化中的行为规范、价值观和道德观而疏远本民族的文化传统。

（四）语言知识与语言技能的关系

语言知识包括语音、词汇、语法三个方面。语言知识是综合英语运用能力的有机组成部分，是发展语言技能的重要基础，使学生掌握一定的英语基础知识也是英语教学的基本目标之一。语言是交际工具，首先是有声的，正是通过人的发音器官发出声音，才能达到交际目的。在英语中，语音和语法、构词法、拼写都有关系。掌握语音不但有利于听、说技能的获得，也有助于语法和词汇的学习。

词汇包括英语中的单词和习惯用语。"词"的概念人们已经非常熟悉，但是"词"并没有一个准确的定义。语言学家对词下定义时说法不一，措辞不同，概括而言，词是语音、语意和语法特点三者的统一体，是语句的基本结构单位。每个词都有一定的语音形式。在口语中，主要通过语音区别其他词汇。每个词都有一定的意义，这些意义根据层次，又可以分为字面意义和隐含意义。字面意义是词的"本义"；隐含的意义指词本义以外的意义，即附加意义。例如，一词对不同的人而言有其他特性，如 gentle、weak 等。

每个词都有一定的语法特点，在句子中充当一定功能，词的功能改变，有可能会引起词义变化，例如：

He tore down the hill.

Three enemy planes downed.

第一句中的"down"是介词，其词义表示方位，"沿着……往下"，而第二句中的"down"是动词，表示"打下"的意思。

英语中的习惯用法又称为习语，具有语义的统一性和结构的固定性两个特点。习惯用法是固定词组，在语义上是一个不可分割的统一体，其整体意义往往不能从组成该用语的各个单词的意义中推测出来。词汇是构筑语言的材料，因此，要具备较好的语言技能，必须应掌握足够的词汇。

语法指关于一种语言的结构描述，说明其中词和短语等如何结合起来形成句子。语言是词的一种线性排列，这种排列不是任意的，而是遵循一定规则，这种规则是本语言社团所共同接受的。不同的语言具有不同的语法，汉语与英语语法具有很大差异性，英语学习者要使用英语进行交际，必须遵守英语语法规则。

语言技能指运用语言的能力，包括听、说、读、写四个方面，其中说和写被称为产出性技能；读和听被称为接受性技能。听是分辨和理解话语的能力，即听并理解口语含义；说是应用口语表达思想，输出信息的能力；读是辨认和理解书面语言，即辨认文字符号并将文字符号转换为有意义的信息输入能力；写是运用书面语表达思想，输出信息的能力。听、说、读、写是学习和运用语言必备的四项基本语言技能，是学生进行交际的重要形式，是形成综合语言运用能力，获取信息和处理信息的重要基础和手段。

语言知识和语言技能都是语言能力的组成部分，是语言学习的目标。两者之间相互影响，相互促进。语言知识是发展语言技能的基础，不具备语音知识，如果不掌握足够的词汇，不了解英语语法，就不能发展任何语言技能；语言知识的学习可以通过听、说、读、写的活动过程感知、体验和获得。在英语教学中，处理语言知识和语言技能两者之间的关系时，应该注意以下三点：

第一，语言知识与语言技能同时兼顾。交际教学法是在批判传统语法翻译教学法基础上建立起来的，其中一个主要原因在于传统的教学方法过分强调语言知识（主要指语法）的传授而忽视语言技能的培养。

语言知识是能力的基础，认为强调语言能力可以忽视语言知识的看法是错误的。语言的综合能力是多方面的，除了语法知识外，还有社会语言学能力（如在完成某些言语行为时如何是得体的）、语篇能力（如观察和使用各种衔接手段和照应手段）和策略能力（也就是交际策略，如在交际遇到困难时使用某些手段回避等）。这就意味着：①学习语法，否则，语言技能无从谈起。②学习语法不是为了掌握某种理论体系，而是为了正确使用语言。学习语法不仅保证语言的语法规范，还要保证其社会文化规范。③语言能力不仅是单个句子，也是关系到语篇的。当然，英语教学不能停留在知识的传授和学习上，而是要把语言知识的学习与语言技能的培养有机地结合起来。因为语言知识的学习，有利于提高语言技能质量，而在发展语言技能的同时，又不能忽视语言知识的学习。

第二，语言知识的教学要立足于语言实践活动。传授语言知识并不意味着单纯传授讲解语言知识，尤其是在基础英语教学阶段，主要通过听、说、读、写等实践活动学习英语。因此，语言技能的训练是教授语言知识的基本途径。语言知识的教学可以采用提示、注意和观察、发现、分析、归纳、对比、总结等方式进行，要有意识地使学生参与到上述过程中，使学生在学到语言知识的同时，得到科学的思维方法的训练。

第三，听、说、读、写四项技能协调发展，不能分开。对于英语初学者而言，可以从听、说开始，读、写也要跟上。在处理四项技能之间的关系时，应该注意防止两种错误的倾向：一是不让学生接触书面材料的纯"听说法"是不可取的；二是一味强调客观条件，片面夸大读写的重要性，容易导致英语教学失之偏颇。

（五）教师与学生的关系

教师与学生是英语教学活动的实践者，正确处理两者之间的关系，对于英语学习的成败起到重要作用。只有教师与学生两者之间密切协调配合，教学质量才有保证。

学生是学习的主体，英语教学要以学生为中心，教师的主要职责是引导和帮助学生学习英语。因此，教师要善于根据学生的生理和心理发展特点，认真研究教学方法，排除学生在学习上的心理障碍，调动学生学习的主动性和积极性。教师还要面向全体学生因材施教，发挥不同学生的特长。另外，教师需要帮助学生养成良好的学习习惯，培养自学能力。在尊重学生主体性基础上，强调以学生为中心理念时，要充分考虑学生的个体差异。与英语学习相关的个体差异，主要包括动机与学习态度、性格和认知方式等。

在英语教学中要注意根据学生的特点进行有针对性的引导。内向型学生需要鼓励性的、宽松的课堂气氛，才能使他们愿意"冒险"，尝试使用英语交流；对于外向型的学生，则要有策略地提醒他们注意语言的准确性。

三、高校英语教学的理论依据——主体因素

（一）教师

教师是高校英语教学的重要因素，在英语教学中起到主导作用。在英语课堂上，教师主要充当两种角色，即掌控者和引导者。作为一名合格的英语教师，应该具有纯正的英语发音，但并非所有的英语教师都具有纯正的英语发音，对此，教师可借助广播以及多媒体等手段弥补不足，确保学生在课堂上所听到的发音是纯正的。同时，教师在讲解单词、句子、课文时，应该穿插解释，对学生难懂的词语要重复讲解。

在多数英语课堂上，教师讲话占据课堂大部分时间，虽然教师的讲话有利于学生的语言习惯，但不能因此减少学生的练习时间。教师还要注意不断变化教学形式，以增强课堂的趣味性。一名合格的英语教师还应具有一定的应变能力，能够预测课堂活动中出现的状况，可以很好地处理课堂上的突发事件，确保课堂活动的有序开展。教师应该随时调整提问方式、语言运用、提供反馈方式。在英语课堂中，提问是教师常见的一种教学手段。通过提问，可以有效激发学生的学习兴趣，促使学生积极思考，帮助教师对某些知识结构进行诱导，其中语言运用十分重要。为了让学生对所讲述的知识有一个充分了解，教师在教学中可以采用重复话语、降低语速、增加停顿、改变发音、调整措辞、简化语法规则、调整语篇等方式。

学生是英语教学的重要反馈者，教师的反馈也十分重要。所谓提供反馈，指教师为学生的学习情况提供反馈。教师的反馈可以是对学生话语的回答，如表示学生问答正确或错误、赞扬鼓励、扩展学生的答案、重复学生所答、总结学生回答、批评等。总而言之，教师的目的是采用不同形式的教学方法，调动学生的积极性，扩展学生的知识面，培养学生的学习能力，提高整体教学效果。在英语教学中，教师要充当以下角色：

第一，语言知识与文化知识的传授者。语言知识是语言技能的基础，对于中国学生而言，要具备良好的听、说、读、写能力，必须具备一定的词汇量，掌握英语的语法基础知识；了解西方文化。因此，教师要向学生传授英语语言知识和文化知识。但是传授的方式是多种多样的，传授知识并不意味着一定要采取传统的教学方式。知识的传授要与语言实践活动密切结合，鼓励学生在教师指导下进行探究式学习。

第二，语言技能的培养者。教师不仅是语言知识的传授者，更是语言技能的培养者。教师培养学生的语言技能是为了帮助学生运用语言知识进行交际。

第三，语言使用与交际的示范者。教师是学生学习语言与交际的示范者，在学生学习语言时，一个主要途径是模仿，教师是主要的模仿对象，要求教师做到两点：①教师本身要具备良好的语言基本功，为学生提供正确的模仿对象；②教师的语言要适合学生的语言

水平，使学生能够模仿。

第四，语言交际活动的组织者和参与者。学生英语交际能力的提高，需要进行大量交际实践活动，要求教师根据学生语言水平和教学需要，在课堂内外组织多种形式的交际活动。在一些情况下，还要求教师在活动中充当一定角色，在与学生交流过程中激发学生并提出新的语言现象，使学生在不知不觉中掌握语言的用法。

第五，语言学习过程的诊断者与咨询者。英语学习是一个漫长的过程，学生会遇到各种困难与困惑，要求教师针对学生的实际情况做出相应"诊断"，确定学生产生困难或困惑的原因并给出建议，帮助学生解决困难，消除困惑。要做到这一点，首先要求教师具备良好的理论素质，熟悉英语教学以及与英语教学相关学科的基本理论，了解英语的学习过程；其次，具有一定的敏感性，在教学过程中及时、敏锐地捕捉到学生各个阶段出现的困难和问题。

第六，语言学习材料的推荐者和提供者。中国学生学习英语，需要大量的语言输入，只靠一本教材是不够的，还需要补充一定的语言材料。现在市面上有各种英语学习资料，学生及家长在选择材料时具有一定盲目性，要求教师针对学生的实际情况，配合学校教学，为学生推荐或者提供合适的学习资料。

第七，学生学习动力与学习兴趣的激发者。学生是学习的主体，决定英语教学必须要以学生为中心。英语学习成败的关键在于学生学习的动力是否充足，学习兴趣是否浓厚。对此，要求教师想方设法激发学生的学习动机和学习兴趣，要在教学中充分利用学生已有的特点，如好奇心、对成功和进取的愿望、善于表现等，为学生设计教学活动；注意学生的进步并及时鼓励，对学生使用语言中出现的问题不过分指责，使学生保持学习的自信心。

第八，语言学习规律的学习者和研究者。对英语教师而言，自身的学习过程已经为教学提供了许多感性经验，其中的经验和教训将会对英语教学产生重要影响。但是感性的经验只有上升到理论才能更加有效地指导教学活动。因此，一方面提倡教师要不断学习，提高个人的语言基本功；另一方面要结合个人的教学实践，采用科学方法，探索与研究外语学习的基本规律。

（二）学生

1. 学生角色定位

在英语教学中，学生主要扮演以下角色：

（1）主人。学生是英语教学中的主人。学生对知识的探索、发现、吸收以及内化等，有利于知识体系的构建。

（2）参与者。作为英语教学活动的重要参与者，学生应积极主动地参与各项活动，积极思考，勇于表达个人观点，展示个人才能。

（3）合作者。英语教学是师生之间及学生之间共同进行的，团队合作不可缺少。在合作中，师生之间、生生之间可以相互学习、相互帮助，共同提高。

（4）反馈者。在英语教学中，学生的反馈信息是教师改进教学的一个重要依据，学生可以结合自身学习经历，就教学法的实用性向教师提出建议或意见，并协助教师改进和完善教学内容和教学方法，提高学习效果。

2. 学生个体差异

学生之间的差异主要体现在以下方面：

（1）语言潜能的差异。语言潜能包括：第一，语音编码、解码的能力，即关于输入处理的能力；第二，归纳性语言学习能力，是有关语言材料组织和操作的能力；第三，语言敏感性，是从语言材料中推断语言规则的能力；第四，联想记忆能力，是关于新材料的吸收和同化的能力。每个学生的语言潜能都存在差异，在英语教学过程中，教师应了解学生的语言潜能，因材施教，使学生能够针对不同的学习任务、不同的场合发挥各自长处，以收到良好的效果。

（2）认知风格的差异。认知风格又称认知方式，指个体在认知过程中所表现出来的习惯化的行为模式，既包括个体知觉、记忆、思维等认知过程方面的差异，也包括个体态度、动机等人格形成和认知功能及认知能力方面的差异。每个学生都有不同的认知风格，不同的认知风格又有优劣之分，但并不体现在学生的学习成绩上。每个学生都有偏爱的信息加工方式，在学习不同材料时也会各有所长，当学生的认知风格与教师的教学风格、学习环境中的某些因素相吻合时，会获得良好的学习成绩。因此，教师应了解并尊重学生的认知风格，并根据不同的学习任务和学习环境对学生进行因材施教，正确引导，使教学特点与学生的需要有机地结合起来，从而获得良好的教学效果。

（3）情感因素的差异。情感因素差异主要涉及以下方面：

第一，学习动机。学习动机指激发个体进行并维持已引起的学习活动，使其行为朝向一定学习目标的一种内在过程或内部心理状态，是直接推动学生进行英语学习的内部动力，是影响英语学习成绩的一个关键因素。学习动机源于学习活动，也是学习活动得以发动、维持、完成的重要条件，并由此影响学习效果。

第二，性格。性格指一个人对现实态度和行为方式表现出稳定又可变的心理特征，是学生重要的情感因素，也是决定英语学习成功与否的关键因素之一。人的性格可以分为外向型和内向型两种。外向型的学生有利于交际方面的学习，能够积极参与英语学习活动，并在活动中寻求更多的学习机会；内向型的学生在发展认知型学术语言能力上更占优势。对教师而言，研究学生在性格上的差异性，最终目的是了解学生的个体差异和不同的心理状态，因材施教，发挥不同性格学生的优势，以获得更理想的教学效果。

第三，态度。态度是个体对他人或事物的稳定心理倾向或为达到某种目的而做出的努力，是影响学习效果的重要因素之一。学习态度一般包括情感成分、认知成分和意动成分。所谓情感成分，是对某一个目标的好恶程度；认知成分是对某一个目标的信念；意动成分是对某一个目标的行动意向以及实际行动。通常来讲，获得好的学习效果应该对异质文化具有好感，向往其生活方式，渴望了解历史、文化和社会习俗等。学生对学习材料、教学活动的组织形式及对教师的态度，都会影响学生语言学习的效果。因此，分析学生的个体差异，有利于教师制订合理的教学计划，选择合适的教学材料及方法。

3. 学生学习特征

成功的学习者应具有以下特征：

（1）认真并愿意听教师讲课，坚持做笔记，对教师讲过的单词、短语、句子和课文等定期复习。

（2）具有冒险精神，能够大胆地运用所学知识，不怕犯错，对于教师的纠正有较好的态度。

（3）善于思考，可以用英语思维考虑问题，将所见所闻与学习过的英语知识联系起来。

（4）懂得通过与教师交流，提高语言水平，主要表现在经常提问、积极发言。

（5）有适合个人的学习方法。例如，有的学生喜欢早上背单词、课文，有的学生则在睡前背诵单词、课文。因此，学习者应该善于寻找和琢磨适合自身的学习方法和时段。

（6）有着长远的学习目标，要使近期目标比目前学习的内容更加深入，善于充分利用有限的课堂时间与教师和同学进行交流。

（7）懂得安排课后时间，懂得学习英语需要持之以恒的态度。

（三）教学

1. 教学内容

教学内容指在教学活动中为实现教学目标，师生共同作用的知识、技能、技巧、思想、观点、概念、原理、事实、问题、行为习惯等总和。教学内容是一种特殊的知识系统，既有别于语言知识本身，又不同于日常经历；既要考虑英语学科本身的知识体系，又要考虑学生的年龄特点和实际需求。通常来讲，教学内容主要有以下方面：

（1）语言知识。英语语言知识是综合英语运用能力的有机组成部分。语言知识是语言学习和语言运用的重要内容之一；英语语言能力的形成是以语言知识为基础。

（2）语言技能。英语语言技能主要包括听、说、读、写四个方面，是形成综合语言运用能力的基础和必要手段。"听"的技能是分辨和理解话语的能力；"说"的技能是运用口语表达思想、输出信息的能力；"读"的技能指辨认和理解书面语言的能力；"写"的技能主要指运用书面语表达思想、输出信息的能力。在大量听、说、读、写等专项及综合性训练中，学生将会逐步提高各项技能的综合运用能力，为真实的语言交际奠定基础。

（3）情感态度。情感态度指兴趣、动机、自信、意志和合作精神等影响学生学习过程和学习效果的相关因素。积极的情感态度有利于发挥学生潜在的各种技能；反之，消极的情感态度会阻碍语言学习能力的养成。因此，教师在教学中应不断激发并强化学生的学习兴趣，引导他们逐渐将兴趣转化为稳定的学习动机，从而形成积极的情感态度。

（4）文化意识。文化意识指所学语言国家的地理、历史、风土人情、传统习俗、生活方式、文学艺术、行为规范、价值观念等。对于英语学习者，接触和了解英语国家的文化，可以加深对英语语言的理解和使用，提高人文素养，培养世界意识。因此，教师在英语教学中要注重对学生文化意识的渗透，根据学生的年龄特点和认知能力传授文化知识，培养文化和世界意识。

（5）学习策略。学习策略指学生为有效地学习和发展而采取的各种行动和方法。英语学习策略主要包括认知策略、调控策略、交际策略和资源策略等。培养学生的学习策略可以促使他们有效学习，并能为终身学习奠定基础。良好的学习策略可以改进学习方式、提升学习效果，还能使学生学会如何学习，从而形成自主学习能力。因此，教师要帮助学生形成个人的学习策略，对学习过程和效果进行监控和反思，培养学生根据学习风格调整学习策略的能力，引导学生善于观察他人的学习策略，愿意尝试不同的学习策略。

2.教学方法

教学方法是教师和学生为了实现共同的教学目标，完成共同的教学任务，在教学过程中运用的方式或手段的总称。英语教学中出现很多教学方法，并且都在英语教学中发挥作用。具体而言，英语教学中如果采用固定的、一成不变的方法，可能会降低英语教学效率；即使在一堂课中使用一种教学方法，学生也会感到单调、乏味。因此，英语教学所采用的方法应具有灵活、多样等特点，要对各种语言技能有所侧重，才能全面提高英语学习的能力。

3.教学环境

（1）教学环境要素。教学环境是一个由多种要素构成的复杂系统。广义的教学环境指影响学校教学活动的全部条件，可以是物理环境和心理环境；狭义的教学环境指班级内影响教学的全部条件，包括班级规模、座位模式、班级气氛、师生关系等。教学环境要素可以总结为以下方面：

第一，社会环境。社会环境是影响和制约外语教学的重要因素，主要涉及社会制度、国家的教育方针、科学技术水平、经济发展状况、人文精神、外语教育政策、社会群体对英语学习的态度以及社会对英语的需求程度等。英语教学发展的主要动力是社会环境，对英语教学具有极强的导向作用。

第二，学校环境。为学生提供学习场所和学习手段的最佳环境。学校环境对英语教学的影响是最重要和最直接的，决定学生英语学习的成败。学校环境主要涉及课堂教学、接触英语时间的频率、班级规模、教学设施、教学资料、英语课外活动、英语教师及其他教职工对英语的态度及英语水平、校风班风和师生人际关系等。

第三，个人环境。个人环境也会对学生的英语学习产生一定影响。个人环境一般包括学生的家庭成员、同学、朋友的社会地位，物质生活条件，文化水平，职业特点和对英语学习的态度、经验、水平及学习方式，成员之间的关系及感情，学生的经济状况，拥有的英语学习设备和工具等。

（2）教学环境对英语教学的影响。教学环境对英语教学有以下影响：第一，教学环境能够使教师在教学中更加努力地营造良好的课堂环境，充分利用现代化教学设备，优化教学环境，提高学生对英语语言的运用能力；第二，教学环境可以帮助教师正确认识环境对学生英语学习的影响，结合我国英语教学现状，理性地分析、判断和选择其他国家英语教学的理论和方法；第三，教学环境可以帮助教师有效地加工语言输入材料，科学地设计语言练习，创造良好的课堂英语使用环境；第四，教学环境有利于教师不断学习和优化课堂教学环境策略，以及在创设良好的英语教学环境过程中，提高自身的教学素质。

（四）其他

学习态度与动机是影响英语学习的重要情感因素，英语学习的成功在很大程度上依赖于强烈的动机和端正的态度。如果学习者对讲英语的人和英语教师产生情绪，学习动力会自然消逝。

根据动机产生的根源，可以分为内在动机和外在动机。内在动机来自个人对所做事情本身的兴趣；外在动机是外部因素作用的结果，如父母的赞同、奖赏、惩罚、考试分数等。内在动机和外在动机之间存在相互影响的关系，教师在培养学生内在动机的同时，也要注意对学生外在动机的培养。

态度指个人对事物或人的一种评价性反应。态度包括三个组成部分：认知、情感和意动。认知指个人对事物的信念；情感指对事物的褒贬反应；意动指个人对待事物或采取行动处理事务的倾向，学习外语的态度和学习成绩之间的相关程度高于学习其他学科的态度和成绩之间的相关程度。

性格与英语学习也有较大关系，自信、开朗、认真负责的学生往往会取得学习的成功。因此，影响外语学习的主要性格特征包括内向与外向、焦虑、抑制等。性格外向的学生开朗、热情、善于交际，容易给人留下良好的印象。因此，他们的英语语言流利程度发展得会更快。性格内向的学生则更愿意花更多的时间练习和研究语言形式，相比性格外向的学生对语言结构的理解会更全面、准确。

抑制是一种具有保护性能、抵制外部威胁的心理屏障，与人的自尊心有着密切关系。人们在了解自身过程中逐步建立起保护自我的屏障。由于自我意识的增强，人们开始建立起具有个性的情感特征。在学生时期，生理、认知和情感变化带来具有保护性的抑制，用以保护脆弱的自我，排斥威胁个人价值观和信仰的观点、经历和感受。因此，自我意识比较脆弱的学生，往往会因为害怕犯错误而不参与语言活动。这种语言学习中的抑制行为，经过适当引导是可以克服的。

认知方式指人们组织、分析和回忆新的信息和经验的方式。就认知方式来讲，英语学习者可以分为两种类型：场依存型和场独立型。测量场依存型时，让学习者观看一个复杂的图案，并找出隐藏在图案内部的几何图形，目的是判断他们是否能够把看到的东西分解成若干部分，并使这些部分脱离整体。该测验也适用于语言学习者。例如，在阅读一篇材料时，英语学习者必须能够识别单词、短语和句子，并理解这些部分如何结合起来构成一个整体。

场依存型的学习者具有以下特点：对教师提供的语言信息不加分析，不加思考，教师如何教授，他们就如何接受。这类学生特别依赖他人对他们的看法，在很大程度上依靠他人表扬，给别人的印象是直率，对别人感兴趣，使用英语与别人交往的技能可能会发展较好。他们对自身有很强的意识，对别人并不敏感，不喜欢接近别人。

场独立型学习者在学习外语结构知识方面更容易。

第二节　高校英语教学的原则与方法

一、高校英语教学的原则

（一）输入与输出原则

输入指学生通过听和读接触英语语言材料；输出指学生通过说和写进行表达。心理语言学研究表明，输出建立在输入基础上。在此意义上，输入是第一性，输出是第二性。一方面，在人们学习英语的过程中，理解总是比表达的多；另一方面，语言输入的量越大，语言输出的能力越强。有效的语言输入应具备三个特点：一是可理解性。如果学生不能理解输入的语言，这些输入无异于噪声，是不被接受的。二是趣味性或恰当性。所输入的语言材料要使学习者感兴趣。要使学生对语言输入感兴趣，应使他们意识不到是在学习外语，而将注意力放在意义上。三是足够的输入量。目前的外语教学严重低估了语言输入量的重要性。要习得一个新句型只依靠练习或者是阅读语言材料是不够的，还需要数小时的泛读以及讨论才能完成，对此，教师在教学过程中应该注意以下方面：

（1）尽可能多地让学生接触英语。通过视、听和读等手段，为学生提供可理解的语言输入，如声、像材料的示范和贴近学生日常生活和学习、适合学生英语水平、具有时代特色的读物等。另外，学生学习的内容不应局限在课本之内，教师还应该打破课内外的界限，帮助学生扩大语言接触面。

（2）输入内容和输入形式的多样化。学生接触的英语既要有声音，又要有图像，还要有文字，而且语言题材和体裁以及内容应广泛，来源多样化。例如，在日常生活中，尤其是在大中城市中，每天都会接触到英语，例如文具、衣服、道路标志、电器等都有许多英语，如果能够利用这些事物，学生则可以轻松地学到英语知识。另外，还要注意根据上述语言分类，为学生提供多种形式的输入。

（3）提高接触语言的频度。学习语言，接触语言的频度比长度更重要。

（4）强调学生的理解能力。学生对知识的认识不能仅仅停留在表层，同时还应该深入分析和把握知识的内涵和本质。因此，教师应该注重培养学生的理解能力，学生的理解能力不仅可以促进其掌握相关的知识，同时还能够在学习和获取知识的过程中把握获取知识的能力和方法，不断提升学生的学习能力和思维能力。在具体的教学中，教师要强调学生的理解能力。

（5）为学生提供的语言材料要符合学生的实际情况，符合可理解性和趣味性与恰当性的要求。教师可以根据语言学习规律和学生在认知水平、目标语水平等方面的个体差异，以及语言文字在音、形、义方面的特征，从语言材料输入方式和音、形、义以及话语功能的匹配关系等方面对材料进行处理。

（二）宽严结合的原则

所谓宽与严，指如何对待学生在学习过程中出现的语言错误，也就是如何处理准确和流利之间的关系。外语学习是一个漫长的内化过程，学生从开始只懂母语，一直到最后掌握一种新的语言系统，需要经过不同阶段。从中介语的观点来看，在各个阶段，学生所使用的语言是一种过渡性语言，既不是母语的翻译，也不是将来要学好的目标语，这种过渡语会有很多错误。传统的分类方法将错误分为语法、词汇和语言错误。语法错误又被进一步分为冠词、时态、语态错误等，这种分类方法主要基于语言形式而忽视语言的交际使用。对于各种错误的分析是第二语言习得研究的重要课题。因为通过对错误的分析，可以发现学生的学习策略，而这些策略正是学生产生错误的原因：一是迁移；二是过度概括。

语言错误是学习英语过程中的必经阶段。出错—无意识错误—出错—意识错误—出错—自我纠正错误，是对每一个英语学习者而言的必经之路，没有这个过程就不可能达到流利的程度。因此，应鼓励学生不怕出错，而且要耐心地倾听学生的英语，并给予纠正指导。一方面，教师要坚持用正确的语言熏陶学生；另一方面，当学生的语言错误影响信息的传递时，要在鼓励的前提下进行必要纠正，保证学生使用英语的准确性。简言之，在英语教学中，教师应该采取宽严结合的方法，当以交流为目的时，对学生的语言错误采取宽容的态度；当以语法学习为目的时，则采取严格的态度，既保证学生具有扎实的语言基础，又有利于鼓励学生大胆使用英语。

宽严结合的原则，实际上是正确处理准确和流利之间的关系，存在两种区分情况：对于初学者,不宜过分纠正语言中的错误,而应鼓励他们使用英语进行交际;对于中等以上的学习者,可以适当地纠正语言中的偏差,但是要以不打击他们的学习积极性为前提。此外,在写作或在演讲时应该强调英语表达的准确性。

(三)灵活性原则

语言是生活的一个必要组成部分,是一个充满活力、不断发展的开放性系统。语言本身的性质以及学生自身特点,要求教师在英语教学中遵循灵活性原则,在教学方法、语言学习和语言使用方面做到灵活多样,富有情趣。

第一,教学方法的灵活性。在英语教学史上曾经出现过不同的教学方法和流派,如语法翻译教学法、视听教学法、交际教学法等,每种方法都有其自身优势与不足,教师应该兼收并蓄、集各家所长,切忌拘泥于某一种教学方法。

英语教学包括语言知识和语言技能两个方面。语言知识包括语音、词汇、语法等内容,不同的语音、不同的词汇、不同的语法项目具有不同的特点。语言技能包括听、说、读、写四个方面,又包括许多微技能,而学习者的个体差异也是不同的。因此,在英语教学过程中,教师要综合学生、教学内容以及自身特点,创造性地开展多种多样的教学活动,充分体现教学方法的多样性和创新性,使英语课堂新鲜有趣,从而激发学生学习英语的热情,挖掘学生潜能。此外,教学的内容也要体现灵活性原则,教师不仅要教英语,还要教学习方法,结合英语教学教会学生如何做人。

第二,学习的灵活性。教学方法和教学内容的灵活性,可以有效带动英语学习的灵活性。教师应努力改变以往单纯死记硬背的机械性学习方法,帮助学生探索合乎英语语言学习规律和符合学生生理、心理特点的自主性学习模式,使学生能够自我导向、自我激励、自我监控;静态、动态结合,基本功操练与自由练习结合;单项和综合练习结合,通过大量实践,使学生具有良好的语音、语调、书写和拼读基础,并能用英语表情达意,开展简单的交流活动,开发听、说、读、写综合运用语言的能力。

第三,语言使用的灵活性。英语学习的关键在于使用,教师需要通过使用英语带动和影响学生使用英语,应尽可能多地用英语组织教学、用英语讲解、用英语提问、用英语布置作业等,使学生感到所学的英语是活的语言。

英语教学的过程不应只是学生听讲和做笔记的过程,而应是学生积极参与,运用英语实现目标、达成愿望、体验成功、感受快乐的有意义的交际活动过程。另外,教师可以通过作业,使学生灵活地使用英语。作业布置应侧重实践能力,例如让学生录制口头作业,让学生轮流运用英语进行值日报告,陈述和评议时事、新闻等。

(四)兴趣性原则

我国古代教育家孔子把学习分为三个不同层次:知学、好学和乐学。兴趣是最好的教师,是推动学生学习英语的最强动力。学习兴趣是学生积极探求事物并带有感情色彩的认识倾向，可以使学生在学习活动中变得积极主动，从而获得更好的学习效果。

（1）学习兴趣有定向功能、动力功能、支持功能和偏倾功能。

第一，定向功能。学习兴趣作为影响学习过程的一种非智力因素，其作用是最为明显，也是最持久的，决定学生的进取方向，为学生一生奠定基础。

第二，动力功能。学习兴趣与人的情感活动密切相关，可以直接转化为学习动力。当学生对英语学习具有浓厚的兴趣时，学习不再是一种负担，而是一种乐趣。

第三，支持功能。英语学习是一个漫长而又复杂的学习过程，学习兴趣是在克服困难、战胜挫折、保持旺盛的精力基础上，对学习起到支持作用。

第四，偏倾功能。人们往往从自己的兴趣出发审视事物，表现在英语学习上是每个学生的兴趣不同，学习的侧重点也有所不同。有的学生对记忆单词特别感兴趣，有的学生特别喜欢阅读英语文章，还有的学生特别喜欢英语写作。对于这些侧重点的差异性，教师需要因势利导，在学生原有侧重点基础上，引导学生向正确的方向发展。

（2）为了激发和培养学生学习英语的兴趣，应该做到以下方面：

第一，充分了解学生的生理与心理特点，尊重学生的主体性。学生是学习的主体，是整个学习过程的核心承载者。基础英语教学要从学生的心理和生理特点出发，改变传统的学习方式，让学生通过体验和实践进行学习。传统的语言学习方式强调学生在初级阶段要学好音标，学好语法，记忆一定量的词汇。

英语课程必须从学生的心理和生理特点出发，遵循语言学习规律，从改变学生的学习方式着手，通过听做、说唱、玩演、读写和视听等活动方式，达到培养兴趣、形成语感和提高交流能力的目的，尤其是在学习的初级阶段更要如此。

第二，防止过于强调死记硬背、机械操练的教学倾向。英语学习需要一定的死记硬背和机械操练的活动。但是，过多的机械性操练容易导致课堂教学的死板与乏味，容易使学生失去或者降低学习英语的兴趣。为此，应该重视科学地设计教学过程，营造学生思维的教学环境，帮助学生通过各种渠道获取知识，加速知识的内化过程，使他们能够在听、说、读、写等语言交际实践中灵活运用语言知识，变语言知识为英语交际工具。这样，学生在获得交际能力的同时，综合素质也会得到提高，学生的学习兴趣才会得到巩固与加强。

第三，挖掘教材，激情引趣。教材是英语教学的核心，教师要最大限度地调动学生的积极性，需要在备课中认真研究教材，挖掘教材中的兴趣点，使每节课都有新鲜感，有让学生感兴趣的内容和活动。

第四，善于发现学生的进步，给予鼓励表扬，培养学生的自信心和成就感。对学生而言，学习兴趣的保持在很大程度上取决于学习效果，取决于学生能否获得成就感。因此，教师需要通过多种激励方式，如奖品激励、人物激励、荣誉激励、信任激励和情感激励等，激发学生积极参与、大胆实践，从而体验成功的喜悦。

第五，注意发现和收集学生感兴趣的问题，把这些问题作为设计教学活动的素材。例如，在教数字时，教师可以请学生收集家里所有的数字，学生除了收集家里的电话号码、邮编、电动车牌照、汽车牌照之外，还可以收集家人穿的鞋子的尺码、衣服的尺码、父母的身高、家里的藏书数目、自己的零用钱等。这样，一节枯燥的数字课会上得生动有趣。

第六，增强教师与学生之间的交流。一个班级的学生来自不同的家庭环境，教师要平等对待每一个学生，对学生充满爱心，通过各种形式与学生进行交流，真心与学生交朋友，懂得学生的尊重与喜好。因为学生对某一门课程的喜好程度，取决于他们对于授课教师的态度。另外，教师还要寓思想教育于教学中，结合英语教学培养学生的道德情感和对英语学习的热情，创造和谐、宽松的课堂气氛，注意保护学生的自尊心。

第七，改变传统的英语测试方式。应试教育对学习兴趣的影响较大。基础英语课程的评价应以形成性评价为主，采用学生日常教学活动中常见的方式进行，重视学生的态度、参与的积极性、努力的程度、交流能力以及合作精神等。除了形成性评价外，还可以采用口、笔试相结合的方式。口试主要考查学生实际的语言应用能力；笔试主要考查学生听和读的技能以及初步的写作能力。评价可采用等级制或达标方法记录成绩，不应对学生按成绩排名或以此作为各种评比或选拔依据。

（五）交际性原则

"高校英语教学课程以学生综合能力为主，教学过程中引入交际教学法，培养学生英语交际能力，使学生通过实践获得语言能力。"[①] 语言是交际的工具，人们主要通过语言交流思想、传递信息。交际是在特定语境中说话者和听话者、作者和读者之间的意义转换。由此可以得出以下启示：①交际包括口语和书面语两种交际形式；②交际总是发生在一定的语境中；③交际需要两个以上的人参与并产生互动。学习英语的首要目的是使用英语进行交际，而英语教学的首要目标在于培养学生的交际能力。交际能力的核心是运用所学语言知识在不同场合与不同对象进行有效、得体的交际。因此，在英语教学中，首先要贯彻交际性原则，使学生能够用所学英语与人交流，对此应在教学过程中做到以下方面：

第一，充分认识英语课程的性质。英语课是一种技能培养型课程，要把语言作为一种交际工具来教、来学、来使用，而不是把教会学生一套语法规则和零碎的词语用法作为语言教学的最终目标，要使学生能用所学语言与他人交流，获取信息。因此，在教学过程中，教、学、用构成一个有机的相辅相成统一体，其中的核心在于使用。对此，教师应转变以往陈旧的教学观念，认清课程性质，是落实交际性原则首先需要解决的问题。

第二，创设情景，开展多种形式的交际活动。语言是交际的工具，而交际的发生总是处于特定的情景中。情景包括时间、地点、参与者、交际方式、谈论的题目等要素。在某一特定情景中，讲话者所处的时间、地点以及本人身份都制约说话的内容、语气等。因此，

① 邻滨，何娟.关于高校英语教学中英语交际教学法的思考［J］.课程教育研究，2016（37）：97.

在基础英语教学中，要使教学内容置于一种有意义的情景中，而且在一定情景下学习英语，可以使学生身临其境，提高学习英语的兴趣。英语教学活动要充分考虑交际性的特点，结合教材内容，尽量利用各种教具，创设与学生生活密切相关的各种情景，从而进行真实或逼真的英语交际训练活动，才能使学生学有兴趣，学有成效，而且做到学用结合。

第三，注意培养学生语言使用的得体性。英语教学的首要目标在于培养学生进行有效的交际能力。传统的英语教学只偏重语法结构的正确性，根据交际性原则，学生要具备良好的交际能力，需要在适当的时间、适当的地点，以适当的方式向适当的人讲适当的话，而创设情景，开展多样的交际活动，例如课堂游戏、讲故事、猜谜语、编对话、角色扮演、话剧表演、专题讨论或者辩论等，都有助于学生在创设情景中充分表现自己，从而掌握地道的语言。

第四，精讲多练。英语课堂内容包括讲和练，前者指讲授语言知识；后者是进行语言训练。在课堂上，适当地讲授语言知识是必要的，可以提高学习效果。因为英语是一种技能，技能只有通过实际训练才能获得。因此，教师必须清楚讲解的目的在于帮助学生更好地训练。在语言训练过程中，教师应针对学生的具体问题给予"画龙点睛"式的点拨，不仅有利于学生语言交际能力的培养，还有助于学生养成良好的学习与思维习惯。在进行必要的讲解之后，留给学生足够的训练时间。

第五，注重教学内容与教学活动的真实性，贴近学生的生活。语言与现实生活密切相关，教学活动的设计与教学内容的选择需要考虑这一因素。在英语教学中，要把语言和学生所关心的话题结合起来，为学生提供内容丰富的、题材广泛的、贴近他们生活的信息材料。另外，教学内容的真实性还要求教材的语言和教师的语言是真实的，也就是说，教材的语言和教师的语言应该是英语本族语人在交际过程中使用的语言，而不是专为教学编写出来的。

二、高校英语教学的方法

（一）革新英语学习观念

大学英语的学习要在进行基本语言技能训练的同时，逐渐将其转化为应用语言的能力，要广泛阅读，接触丰富的语言材料，学习地道的表达方式，拓宽知识面，丰富个人的思想。同时，一定的输入（阅读、听力）后必须有一定的输出量（写作、口语），将学到的表达方式加以应用。英语学习的转变主要体现在以教师为中心、单纯传授语言知识和技能的教学模式向以学生为中心，既传授一般的语言知识与技能，也注重培养语言运用能力和自主学习能力的教学模式转变。

（二）转变英语学习方法

第一，制定合适的自学计划。英语学习计划可分为长期和短期两种。长期计划可设定为本科四年英语所要达到的程度；短期计划可以规定每个学期、每月、每周或每天应学习的内容。长期计划是树立一个学习目标，短期计划则是提醒每天都在朝着这个目标迈进。必须注意的是，制定计划需要根据个人的实际情况，简单而切实可行。另外，在学习过程中可以对计划进行适当调整，以适应变化的情况，并且实施计划要认真和坚持。

第二，积极创造语言学习环境。良好的环境对于语言学习将起到重要作用。课堂时间有限，仅依靠课内的时间是不够的，还应该创造课外的学习环境，使个人始终置身于英语世界中。例如，坚持与同学用英语进行交流，积极参加各种英语竞赛，坚持听英语广播、英语讲座，看英文电影、录像，经常去英语角，同外国人谈话，看英语书籍、杂志等，习惯使用英语思维。

第三，充分利用英语教材。英语教材在大学里依然是进行英语学习的系统工具，其中的课文绝大部分是选自原文，语言材料丰富多样，出现的词汇也比较常用，课后练习经专家审定，又经多次试用、反复修改，学生认真学习教材无疑是对英语学习大有裨益。学好教材要注意三点：认真完成课前预习；充分利用课堂时间；及时做好课后复习。

总而言之，大学英语教学在目标方面，更注重学生实际英语综合运用能力，尤其是听、说能力的培养，而不是单纯为了考试。在英语教学中，教师会强调语言应用能力的培养，要求学生在用中学，学中用，把课本知识通过在教师指导下、在同学的相互帮助下加以应用，并在应用中发现问题、解决问题。

在学习方法上，大学英语教师是学生学习的组织者和指导者，给学生介绍方法、指出方向，引导学生思考，组织学生讨论，在思考中学习，在讨论中提高。大学英语学习在方法上，更加提倡个人的自我管理能力和自主学习能力，学生要认真完成教师布置的学习任务，根据具体情况，制定详细的短期、中期和长期的英语学习目标和计划并严格执行；要主动、充分利用一切可利用的学习资源进行自主学习，如图书馆和大学英语部的网上资源库等。

第三节　大数据时代高校英语教学改革

随着近年来信息技术的快速发展，各行各业都开始广泛应用互联网，互联网已经应用于人们的工作、学习以及生活等各个方面。同时社交网络、物联网以及互联网的引入使数据得以飞速增长，人们已经全面步入大数据时代。大数据时代背景在很大程度上改变了人们生活的各个方面，人们开始逐渐关注怎样对大数据进行充分的利用与挖掘。教育领域同样如此，面对当下的大数据时代，教育领域的改革势在必行。

在大数据时代背景下，互联网科技及相关产业的快速发展，社会中的数据实时变化，人们生活的各个方面所涉及的数据也不断增加，只有保障这些海量的数据得到充分的利用与发掘才能够真正保障各个行业的发展得到推动，这也是构成当下大数据时代的重要因素。面对大数据时代背景，人们的生活方式以及思维方式已经得到了充分转变。大数据时代的信息量很大，这使得要在这些数据中迅速地找到人们需要的信息变得极为困难。此外，在大数据时代下，可视化是大数据呈现的主要方式，大数据的变化能够被人们更加直观地观察到大数据是如何转变人们生活方式以及思维方式的。大数据时代下数据量十分庞大，数据的种类繁多，数据的实时性强、数据所蕴藏的价值大。因此，在当下的时代背景，高校更应当对大数据报以高度重视，实现英语教学的改革与创新。大数据时代高校英语教学改革措施具体如下：

一、重视英语课堂教学中的互动

"大数据时代背景下高校英语教学改革提出了新的英语教学理念，要求教师在教学过程中应当以语言教学规律为基础。"[1] 在备课过程中，学生的生活经验以及心理特征应当被教师充分考虑，在保证英语课堂教学内容科学合理并且契合教材的基础上，积极引导学生之间以及师生之间的交流。

在课堂教学环节中，高校英语教师应规范地使用英语完成教学任务。在对教材内容进行讲解时，避免单一地使用传统的教学方法。对于内向以及学习能力不足的学生，教师应当给予鼓励，在课堂上多给他们发言的机会，并且在他们发言之后对其进行及时的肯定，其存在的不足也需要委婉指明。教师应当利用先进的多媒体技术精简地将教材知识讲授完毕之后，倡导学生用英语来讲述对课文的理解，在这个过程中，或许学生会遇到不在知识范围内的单词，教师需要及时的尽心帮助，这样不仅让学生对于本节课的知识内容有更加深刻的印象，同时形成了良性互动，提升了学生的英语表达能力。

在大学英语教材中，关于组织学生进行交流的活动很多，这些都是应用互动教学的优秀资源。高校英语教师应当充分应用教材中的活动内容，引导学生在课堂上进行互动交流，不但完成了教材设置的教学任务，同时起到了锻炼学生交流能力的作用。例如，教师应当让学生在课前利用网络和大数据搜集资料，然后描述不同国家的节日，并介绍自己最喜欢的节日以及节日活动，还可以通过分组让学生们进行讨论。在课堂互动中，学生既锻炼了语言交流能力，又巩固了课堂知识。

二、提升教师的专业素养与水平

大学是学生认知以及思想发展完整的重要时期，在大学阶段针对学生开展的教学能够直接影响到学生未来的发展，直接影响到学生的英语综合能力。在进行实践教学的过程中，教师能够对学生的各方面能力产生直观的影响。因此，作为高校英语教师，应当重视自身

---

① 门悦，郭旭东 . 大数据时代下高校英语教学改革与实践探索 [J] . 现代英语，2021（1）：20.

的提升，在课余时间积极地阅读各种英语名著，锻炼自身的英语思维，对有关英语教学相关的理论进行深入的研究，反思自己在教学过程中出现的问题与不足，对其他教师优秀的教学经验进行总结，探索出一个真正适合大学生的教学方式。另外，对于各种英语教学讲座与研究教师应当积极参与，将互联网网络资源的优势充分发挥出来，在网络资源中学习优秀的教学方式。

在开展教学的过程中，教师应当对自身的教学方式进行有效的转变，积极利用各种教学工具为英语教学的顺利开展提供帮助。例如，在开展教学的过程中借助视频以及图片等制作生动的教学课件，促使学生在书本文字的基础上获得更加直观的学习体验。同时，在教学过程中，教师更应重视对学生学习技巧进行指导，例如，在英语阅读教学的实际操作中，为提高学生英语阅读技巧，教师应引导学生掌握跳读的方法，根据学习材料的语境对单词的意思进行猜测；让学生对整篇文章进行浏览之后再进行单词查询，随后对全文进行概括，直到学生完全理解单词大意为止。采用这种教学方式能够保障学生阅读理解能力得到有效的培养，英语阅读教学的有效性得到了显著的提升。

三、革新英语教学的理念与思维

大数据时代背景下，高校要进行有效的改革，还应当充分融合课上以及课下的数据信息，革新英语教学的理念以及思维。例如，在教学过程中可以针对学生访问网络数据分布情况进行搜集来分析学生的在线学习行为，其中主要包括学生课后是否会对英语相关的学习网站进行访问；一般情况下会访问哪一类的学习网站；在网站上会停留多久的时间；等等。针对这些数据进行分析，能够真正实现课堂上以及课后的数据采集，多角度多层面的评估学生的学习行为，进而充分保障教师能够获得更加准确和全面的数据来了解学生的喜好，对学生的英语学习态度以及英语学习兴趣、英语学习风格等进行明确的把握，提供有效的参考促使教师更加高效进行课堂教学设计。

四、实现资源的立体化与多元化

面对当下大数据时代背景，针对网络上的教学资源，教师应当充分利用起来，促使英语教学变得更加丰富和多元化，保障学生的学习视野能够得到充分的拓展，将更多课本以外的知识赋予学生，还能够充分保障学生的英语学习积极性。例如，教师可以将大数据库中的影音、图像以及数据等学习资源巧妙地融合在英语教学过程中，采用更加多样化的教学方式吸引学生的学习注意力，引导学生的学习兴趣得到充分的激发。最后，教师在开展教学的过程中应当真正以学生的实际情况为准，针对学生的心理需求提升教学的针对性，重视教学过程中的实践，提升学生对于英语知识的应用能力，真正培养出现代化的英语专业大学生。

总而言之，我们已经全面步入大数据时代，大数据时代背景对于高校英语教学而言是一种极大的挑战与机遇，并且同时给高校英语教学改革提供了基本的保障。面对当下的大数据时代，教师应当对大数据信息进行充分的挖掘与利用，融合课上及课下的数据资料，保障教学理念得到有效革新，真正实现立体、多元化转变的教学资源，保障英语教学资源得到极大的丰富，将翻转课堂以及慕课等多种教学方式充分应用于高校教学改革的过程中，促使教学模式以及教学手段得到有效改进和丰富，提升教学质量。此外，教师应当高度重视各种数据技术的应用，来实现个性化教育，进而实现因材施教的教学目标。

第二章 高校英语课堂中混合式教学的内容体系

第一节 高校英语听力与口语课堂混合式教学

一、高校英语听力课堂及其混合式教学

（一）高校英语听力课堂的教学体系

1.听力课堂教学中的理解

听力在语言交流中占有重要的地位，作为英语教学工作者，应对听力教学给予足够的重视，认真钻研听力理解的性质、过程、因素等教学理论知识，努力提高听力教学的效果。

（1）听力理解的性质。听力理解是一个极其复杂的过程，它涉及语言、认知、文化、社会知识等因素。听力理解的性质主要有以下方面：

1）辨析单词并记住与该单词相联系的意义。

2）理解每一个单词是如何与语境发生相互作用，并为邻近单词的意义创造语境；理解一个句子中的哪些词语构成主语，哪些构成谓语，并理解指代成分所指称的人或物。

3）既要理解每一个句子在局部上下文中的意义，也要理解该句子在整个语篇中的意义。

4）对语篇的理解涉及两个方面，一是根据语篇的局部语境所提供的知识和背景知识来理解语篇内容，二是对语篇中所暗含的人际、空间、时间、因果和意图关系做出推理。

5）对于较长的语篇而言，应至少记住其大意；对于较短的语篇而言，应在记住其大意的基础上，尽可能多的记住重要内容，特别是与说话者的当前意图相关的内容。

（2）听力理解的因素

1）听力理解的影响因素。影响听力理解的重要因素包括听力材料的特征、说话者特征、任务特征、学习者特征和过程特征。

第一，听力材料的特征。听力材料的特征指的是语速、词汇与句法以及学习者对材料所涉及的内容的熟悉度等因素。因此，教师在选择听力材料时，应根据学习者的外语水平

和认知能力，选择语速和难度适中的材料，并适当增加背景知识的介绍，以便使学生更容易地理解材料的内容。

第二，说话者特征。说话者特征主要指性别因素对听力理解的影响，如中等和高级程度的学生回忆非专家男性说话者的发言要比非专家女性说话者的发言更容易理解等。

第三，任务特征。任务特征指的是听力理解的目的和听力学习所涉及的问题类型，如让学习者回答多项选择题、进行概括推理或寻找某一特定信息等。

第四，学习者特征。学习者特征包括学习者的语言水平、记忆力、情感因素和背景知识等。由于人是认知的主体，听力理解与学习者各方面的相关知识水平和主观因素息息相关。

第五，过程特征。过程特征主要指听力理解的心理过程，如学习者采用的是"自下而上"模式、"自上而下"模式还是互动模式。

2）听力理解的因素对听力教学的意义。认清影响听力理解的因素对提高听力教学的质量具有非常重大的意义。

第一，在听力材料的选择上，教师和教材编写者应注意材料的难度，并且要着重根据语言习得的规律，选择略高于学生水平的可理解性输入。必要时，教师可以适当介绍一些与听力材料相关的背景知识。

第二，就说话者特征而言，教师在选择听力材料时应该具有广泛性，说话者既有女性也有男性，既有高级学者也有普通大众，说话者的职业既有代表性也有普遍性。

第三，就任务特征而言，教师应根据学生的需要设计丰富多彩的听力活动，提高学生的学习兴趣和积极性，避免听力活动的单一性。

第四，学习者特征对听力教学的影响十分明显，教师在教学过程中除了要提高学生的兴趣和积极性，还要从各个方面挖掘学生的知识潜力并培养学生的思考能力和推理能力。在课堂上，教师要创造一种有利的学习氛围，减少学生的心理压力和紧张情绪。

第五，就过程特征而言，学生可以在教师的指导下，采用适合自己的听力策略。至于"自下而上"模式、"自上而下"模式和互动模式的选择问题，需要根据学习者所处的学习阶段、认知能力和知识水平等因素来确定。

（3）听力理解的过程。听力理解的过程是一个复杂的、非直接的、难以描述的心理活动。

1）听力理解过程的不同观点。听力理解的过程主要有以下不同观点：

第一，听力理解由五个成分构成，并且在顺序上，后一个成分总是依赖于前一个成分，即辨音、信息感知、听觉记忆、信息解码、运用所学语言使用或储存信息。辨音包括辨别各种语音、语调和音质等，这也是听力理解的第一步。信息感知指的是学生在具备了辨音能力之后有意识地感知语句中的语音组合，从而获取句子意义的阶段。听觉记忆指的是将所感知到的听觉信息在被理解之前在大脑中保存一定的时间。信息解码指的是理解或获取信息的过程。在经过了以上四个阶段之后，学生就可以运用所学语言将信息表达出来或储存在长期记忆中。

第二，听力理解包括三个相互联系而又循环往复的过程：感知处理、切分和运用。在感知处理阶段，听话者的注意力集中在听力材料本身，并将所听到的声音暂时储存在短时记忆中。在切分阶段，听话者将短时记忆中的语音串切分成从句、短语、单词或其他语言单位，并在大脑中以心理表征的方式建构意义。在运用阶段，听话者借助非语言知识和语言知识将大脑中的心理表征与已有知识联系起来从而对听力材料做出正确的理解。

第三，外语的听力理解过程与母语的听力理解过程有相似之处。听力理解包括感知、解码、预测与选择等过程。总而言之，听力理解是通过听觉器官和大脑的认知活动，运用语音、词汇、语法和各种非语言知识，把感知到的声音转化为信息的过程。

2）听力理解过程的特点。听力理解的过程主要有以下三个特点：

第一，理解是一个积极的过程。在听力理解过程中，运用听觉来接收信息，通过调动大脑中已有的知识进行能动的认知推理，来理解说话者所传达的信息和意图。因此，听力理解是听话者积极主动地参与语言交际的过程。

第二，听力理解是一个创造性的过程。意义并不是现成地存在于语言材料之中的，不同的听话者对于同一个单词或句子可能会有不同的理解。在语言交际过程中，说话者为了语言表达的经济性，不可能也没有必要把任何细节都表达出来。因此，在听力理解过程中，听话者需要根据语言材料所提供的线索以及自己的社会经历和背景知识创造性地建构意义。

第三，听力理解是一个互动的过程。作为语言交际的一个重要方面，听力理解涉及说话者和听话者双方。从某种意义上讲，听力理解是交际双方在相互作用中磋商意义的过程。特别是在面对面的语言交际中，说话者可以通过听话者的面部表情和身势语来判断听话者是否理解自己的意义，并以此来调整自己的语言。同样，听话者可以用语言的或非语言的手段来表明自己是否理解了说话者的意义或者直接与说话者进行意义的磋商。

2. 听力课堂教学的具体目标

大学阶段的英语听力教学目标分为三个等级，即基础目标、提高目标和发展目标。

（1）基础目标。基础目标是针对大多数非英语专业学生的英语学习的基本需求确定的。具体如下：①能听懂就日常话题展开的简单英语交谈；②能基本听懂语速较慢的音、视频材料和题材熟悉的讲座，掌握中心大意，抓住要点；③能听懂用英语讲授的相应级别的英语课程；④能听懂与工作岗位相关的常用指令、操作说明等；⑤能运用基本的听力技巧。

（2）提高目标。提高目标是针对入学时英语基础较好、英语需求较高的学生确定的。具体如下：①能听懂一般日常英语谈话和公告；②能基本听懂题材熟悉、篇幅较长、语速中等的英语广播、电视节目和其他音、视频材料，掌握中心大意，抓住要点和相关细节；

③能基本听懂用英语讲授的专业课程或与未来工作岗位、工作任务、产品等相关的口头介绍；④能较好地运用听力技巧。

（3）发展目标。发展目标是根据学校人才培养计划的特殊需要以及部分学有余力学生的多元需求确定的。具体如下：①能听懂英语广播、电视节目和主题广泛、题材较为熟悉、语速正常的谈话，掌握中心大意，抓住要点和主要信息；②能基本听懂用英语讲授的专业课程、英语讲座和与工作相关的演讲、会谈等；③能恰当地运用听力技巧。

3. 听力课堂教学的主要特点

（1）大学英语听力教学对象的特点。通常一个班级的大学生来自全国各个地方，学生的听力水平参差不齐。有些学生听力基础差，没有掌握正确的学习方法；有些学生的语音语调存在很大问题，因而很难听懂正常语速的听力材料甚至已经学过的常用词，当然也有一些学生英语水平很高，比较容易听懂听力材料。在听力水平不同的情况下，使用相同的教材和教学方法，使得听力水平低的学生不想学，教师难授课，也就达不到提高大学英语听力水平的教学目的。目前，一些学校尝试打破原有的以院系为单位的班级，将学生听力水平分成提高、普通和预备三个层次，针对性地选择授课内容和授课方法，更好地贯彻因材施教的原则。

（2）大学英语听力教学内容的特点。大学英语听力教学内容较为广泛，不仅包括语言知识、文化知识，还包括培养学生对听力策略的掌握和运用。

目前学生主要的听力问题可以概括为三种：第一，"听不清"，即对单词的发音、英语的语调特征、说话速度不熟悉，造成不能有效地获取信息；第二，"听得清却听不懂"，这是由于英语的句法结构、文体特征、篇章逻辑不了解和缺乏听力技巧而造成的障碍；第三，"听懂了却无法理解"，这是由于学生个人的知识结构、文化背景与所听材料的差距过大造成的。因此，词汇障碍、语音障碍、语义障碍、听力障碍、心理障碍以及文化障碍等成为大学英语听力教学的主要问题。

4. 听力课堂教学的模式构建

由于深受传统教学模式的影响，很大程度上，教师在教学中只是遵循着固定而又呆板的教学模式：先放录音，再做题，之后给出答案。这种传统教学课堂因为呆板的组织而显得枯燥乏味，教师成为教学的主体，学生基本处于被动状态，师生之间缺乏感情沟通和知识信息的交流，课堂气氛枯燥，学生的主动性没有得到应有发挥，致使教与学在很大程度上脱离，极大地影响了听力教学效果。因此，教师要勇于尝试新的教学模式，灵活选择使用。

（1）交互式教学模式。交互式教学模式也称互动式教学模式，是指通过营造多边互动的教学环境，在教学双方平等交流探讨的过程中，达到不同观点的碰撞交融，进而调动教学双方的主动性和探索性，强化教学效果的一种教学方式。

交互式教学模式是一种适应时代的教学理论和策略。区别于传统教学法中以教师为中心，学生被动参与学习的模式，交互式教学法是以学生为中心，让学生积极主动地参与组织教学的各个环节，参与教学活动的全过程，真正成为教学活动的主体，与此同时还要注意发挥教师在教学中的主导作用，实现教师与学生、学生与学生的双向交流与互动。简而言之，它是旨在建立以教师为主导，以学生为主体，在师生、生生，以及人与多媒体之间通过"互动"方式组织起来的一套英语教学法。"互动"是两个或更多的人相互交流思想感情，传递信息并产生相互影响的过程。目前流行的交际英语教学理论的核心就是交际能力培养必须具备"互动"这个性质。交际能力培养强调"互动"的重要性，是因为人类在各种背景下使用语言的目的就是"传递"信息。简单而言，是把自己头脑中的信息传递给另一人，反之亦然。

1）交互式教学模式的必要性。交互式教学模式的中心是"交流"，课堂教学最重要的形式也是交流，没有课堂交流，课堂教学就没有实施条件。有效的课堂交流是达到教学目的的前提。从信息交换的角度来看，教师和学生之间的信息交流是双向的，他们之间存在着大量的信息交流。针对现在大学英语听力中依然是传统的以教师为中心的课堂现状，实施基于交互式教学法的大学英语听力教学模式是非常有必要的。交互式教学模式将传统的"以教师为中心"的教学模式转变为教师引导、学生积极参与、师生之间良性互动，"以学生为中心"的教学模式，即教师在教学过程中是作为参与者而非整体的控制者，它注重了师生的协作互动，提高了学生的教学参与性，从而增强了大学英语听力课的教学效果。

2）交互式教学环节。交互式教学模式在听力教学具体实践过程中，应分成听前准备、课堂训练、听后总结三个关键环节。

第一，听前准备。在听每段材料前，教师应该和学生充分交流，了解学生感兴趣的话题，进而让学生寻找和准备相关的材料，储备一些与该话题相关的词汇。在课堂上，教师可根据学生准备的情况提问，针对这些问题让学生进行自由讨论。这些可以看成是听力训练前的热身。通过"热身"，一方面学生对将要听到的内容会有了大致的了解，引起学生的兴趣，通过相互交流，提高学生的积极性，使学生更好地融入课堂；另一方面展开了师生、生生之间的互动，活跃了课堂气氛，促进教学效果以及培养学生语言交际能力。

第二，课堂训练。交互式教学模式强调教学的互动，以及从传统的以教师为主的教学模式转变为以学生为中心的教学模式。在课堂训练前，经过热身阶段的师生交互活动便可以正式的开始听力技能训练了。首先，为了不影响语篇的完整性，可以整体先听一遍材料，让学生对材料有一个大概的掌握；其次，第一遍听完之后，可以叫学生结合热身阶段的讨论对所听材料进行一下评价，评价是引导学生深入理解材料的好方法，然后要回答其他学生就材料理解进行的提问；最后，由教师进行正确与否的评判。这样既锻炼了学生的逻辑归纳能力，又实现了生生、生师之间的互动。在互动中，学生还可以总结出一些适合自己的听力技巧或策略。在该过程中，学生充分参与教学活动，成为教学的主体，而教师在此过程中除了充当指导者外，还可以是学习的共同参与者和合作者。

第三，听后总结。听力活动结束之后，教师应对学生的任务完成情况给予及时反馈。在反馈过程中，教师可以先让学生们评估自己的任务完成情况。反馈完后，教师要对所听内容进行巩固，首先对所听材料中的词汇、基本句型和习惯表达进行总结；然后可根据实际情况，对所听材料进行角色表演和分组讨论，通过语言的再次学习，更好地理解和掌握所学知识，从而促进学生语言的实际运用能力。

（2）文化导入式教学模式。文化导入式教学模式是一种通过引导的方式让学生主动建构语言与文化知识、促进英语综合运用能力相对稳定的操作性框架。该模式主张教师在一定的教学环境中，根据教学大纲、教材和学生实际，运用正确的方法对学生进行积极引导，激发他们的思考与想象，促进学生主动进行内部心理表征的建构，从而培养学生对文化差异的敏感性、宽容性以及处理文化差异的灵活性，提高学生综合运用英语的能力。该模式在教学内容上注重文化概念与思考方式的引入，突出相关文化内容，在教学形式上注重学习主体作用的发挥，同时也要求教师积极发挥主导作用。

1）文化背景知识导入的方法。

第一，适时培养学生对文化背景知识的敏感性。为培养学生对文化的敏感性，教师要充分利用教材发现问题，培养学生从文化角度来审视问题的根源，提高他们发现目的语文化现象的存在和这一文化与母语文化之间相符相悖的敏感性。例如在对待一些文化知识和反映文化的词语表达上教师不能简单地介绍，要多问为什么，在备课时准备充分的资料，让学生在中英文化对比中了解异国文化，逐步培养学生对中英文化差异的敏感度。

第二，利用词语导入文化背景知识。词语包括单个的词和短语。语言的各种文化特征都能在词语中展现出来。教师在教学中应适当地导入听力材料中具有一定文化背景知识的词语，让学生充分理解其文化特征与内涵。

第三，听说并重，增强文化理解力。要想真正提高听力水平，必须强调听说并重。教师可以根据不同的材料通过复述、问答及根据听力组织对话、进行小品表演等形式对学生进行听力检查。这既可以加深学生对有文化内涵知识的掌握，又可以提高学生的听说能力。例如，关于个人空间和称呼的一段材料中，由于材料本身涉及西方文化知识，教师可以采取复述并进行动作表演的方式进行教学，这不仅加深了学生对听力材料的理解，又提高了学生对文化背景的认知程度。

第四，借助视听媒介导入文化。教师应发挥多媒体的优势，充分利用电影、电视、幻灯等资料进行辅助教学。因为这些媒介是了解西方文化的有效手段，是包罗万象的文化载体。学生可以在观影中直观、真实地了解西方的民族文化、社会习俗、交际方式、价值观念等文化内容。

第五，延伸教学空间，拓展英语文化。教师可以采取布置任务的方式，让学生提前查阅与所学单元相关的文化知识，并让学生以幻灯片形式展示成果，使学生在参与中增强信心和成就感。同时，鼓励学生课后大量阅读介绍英美文化的书刊，这既可获得语言知识，又可深化学生对文化差异的了解，从而提高学生的听力水平。

（3）视听说结合式教学模式。

1）视听说结合式教学的必要性。视听结合，使学生处在耳目一新的教学环境当中，在视觉和听觉的双重刺激下接受语言信息，在这种环境中启发学生说英语的欲望可以达到事半功倍的教学效果。无论是在外语教学中，还是在真实的言语交际中，听和说都是密切相关、不可分割的。听是凭借听觉器官对言语信号进行意义建构的过程，是理解言语的技能；而说则是借助语言外壳通过发音器官将思想转换成具有句法和语音结构的言语信息的过程，是言语表达的技能。口头表达能力的提高必然会促进听力技能的提高。教师应尽可能地为学生创造练习口语的机会，将听与说有机地结合起来，以听说结合的方式切实提高其听力水平，从而改变现有的听音画钩，单纯以获取信息为目的的教学现状，保持外语习得过程中的输入与产出的平衡。

视、听和说三者在听力教学中有着相辅相成、互相促进的关系。集文本、图像、声音于一体的多媒体能及时为教学提供生动有趣、灵活、方便、实用的学习和实践的空间，使学生置身于一个真切实际的英语学习世界。选择难度适中、题材广泛、内容风趣、语言清晰规范的视听材料，并灵活性、创造性地调整和补充教材内容，通过视觉、听觉双重刺激，把听和说结合起来。要求学生理解所听内容，并且要做出积极反应进行口头练习，视觉效果有效刺激听觉能力，口语练习有效促进听力理解。不仅能锻炼学生的英语思维能力，还有助于提高记忆力，有利于知识的获取和记忆，达到运用英语、实践英语的目的。

2）视听说结合式教学环节。通过视听说结合的方式，可以解决英语教学中"质"的问题，通过指导学生按照粗略观看、仔细听解、口头讲述三个步骤来完成从语言输入到输出的过程。在粗略观看阶段，教师根据视听内容，利用图片、实物、背景知识的介绍和单词的讲解等形式进行巧妙地导入，让学生对视听材料的大体内容有所掌握，为下一步教学做好铺垫。在仔细听解阶段，不仅指导学生进一步明确整段话语的大意，更要把焦点放在语言材料本身，要求学生能够回答具体的细节问题，甚至区别细微的语音现象。在讲述阶段可以采取如问答、复述、谈论话题、讨论、情景对话、描述、角色扮演等多种形式，对视听材料有选择地进行再现、借鉴或者创造。以上三个步骤可以根据教学的实际需要，有重点、有目的地进行练习。

教师在课堂上的主要任务是示范和指导学生如何采用视听说结合的方法，按照以上三个步骤，克服听的过程中出现的来自语音、语言和文化等方面的困难，促进语言知识的使用和内化。教师在语音材料与学生之间充当媒介，帮助学生将听力内容同已有的知识技能有机地联系起来。采取灵活多变的方式进行课堂主体教学，由浅入深，由易到难，循序渐进，营造良好的学习环境和氛围。根据学习材料的主题和内容的不同而进行精心的设计，充分发挥多媒体声图文并茂的优点，采取文字、图片、音乐和短小视频的形式，激起学生的学习兴趣。在听力训练的过程中，教师除了要向学生提供必要的背景知识、语言知识和听力技巧来帮助学生理解外，应该设计出形式多样的活动使学生参与到教学之中，对视听材料进行模仿和拓展，充分发挥学生的想象空间。和学生共同融入听力训练中，注重倾听个体学生的答案和解释，给予适当的提示和指导，尤其是多给予积极的肯定和鼓励。

5. 听力课堂教学的提升策略

（1）选择丰富的听力材料。在选择听力材料时，教师既要结合教学实际需要，也要结合学生现有的能力和兴趣，还可以让学生在课堂上以英语游戏的形式参与活动，循序渐进地进行练习，最大限度地挖掘他们的潜在能力，发挥他们的主观能动性。

丰富的课堂内容，比单一的听力训练更能激发学生的学习兴趣。兴趣是最好的老师，有了兴趣，英语学习就是一种享受，自然会事半功倍。传统听力教学长期采用单一的教学模式：放音、练习、对答案，过于依赖教材，听力内容单调乏味，无法激发学生的学习兴趣和热情，因此在课堂材料的选择上，应充分考虑学生的兴趣。

（2）增强文化背景知识的介绍。随着英语听力教学的不断深入和发展，文化背景知识的导入愈来愈受到重视。每个民族都有自己独特的文化背景和风俗习惯，如果不熟悉西方英语国家的文化背景知识，不懂得用西方思维方式来理解英语语言，就会给英语学习造成很大的障碍，学生就会很难理解某些听力材料或是产生误解，有时学生可能已经听清楚每个词了，却不能完全理解整个句子或是整篇文章所要表达的意思。在大学英语听力训练中，介绍文化背景知识是较为重要的，具体从以下方面探讨：

1）民俗习惯。随着国际交往的进一步发展，越来越多的中国人知道了一些西方节日，但是因为不了解西方文化，往往不知道这些节日的起源和发展。

2）思维方式。不同的民族有着不同的思维方式，对待同一事物的看法也会有所不同。

3）法律制度。在不同的国家，法律法规、制度政策等都会存在着较大的差异，如果对于这些差异不够了解，就会造成听力理解上的障碍。

4）生活习惯。在不同的文化背景下，各个民族的生活方式及礼仪习俗必然有所不同。了解了这种生活习惯上的差异有助于更好地理解听力材料的内容。

（3）播放听力材料前的重要提示。在给学生上听力课时，教师不能只是给他们放录音带，也不能只给他们解释一点词汇或者短语，而是应当用已有的与材料相关的知识来引导学生。例如，教师可以用简短的讨论进入主题，让学生根据听力题目或者预先给的一些暗示来猜猜听力材料内容，从而帮助学生理解所要听的材料。通过这些方式，可以让学生对将要听到的内容有所期待，也从心理上进入一个准备阶段。

（4）教会学生能够掌握重点。通常而言，学生们喜欢把材料里的每个单词都理解清楚。事实上，不同的听力材料在不同的语速下，大部分学生特别是听力能力不是很好的学生，想听懂每个单词基本上是不可能的。对于这些学生而言，要把每个单词都听清楚并弄懂它的含义，往往可能会顾此失彼，赶不上听力内容的速度，只能抓住其中的部分意思。甚至有的学生由于过于纠结于某个单词的意思而错过了听力材料的大部分内容。所以，只要学生能把听力材料的重点，即能帮助理解材料的内容听懂并理解就可以了。一般而言，一篇材料里的诸多新单词并不会影响学生理解全篇大意。所以教师应当经常提醒学生要听重点，根据问题留意某些细节就可以了，教会学生如何抓住听力材料的重点。

（二）高校英语听力课堂混合式教学

在新媒体背景下，大学英语教学已经逐渐开始结合信息化技术，尤其是大学英语听力教学，目前我国大学英语听力教学已经改变了原有教学模式，由放音、听音方式转化为以学生为中心的教学模式，大学英语听力混合式教学便应运而生。这种模式主要是为了培养学生学习兴趣，让学生可以自主进行学习，通过实践提高学生听力能力，让学生可以养成积极主动的学习态度，帮助学生建立完整的知识体系。

在实际的英语教学中，大学英语教师在进行听力教学之前会率先使用网络在线教育平台，将课堂所需要传授的内容与材料提前进行上传并布置相应任务，让学生进行线下自主学习，在正式上课时教师会以翻转课堂方式来对学生进行听力训练。由于大学英语教师课前就已经布置了相应任务，教师在正式上课之前便可以了解到学生学习情况及学习反馈，教师根据其数据来对自身教学内容进行调整，对学生掌握不牢靠部分进行针对性训练，从而全面提高学生英语听力水平，能够在一定程度上节约教师课堂上的教学时间，对听力较为良好的学生，教师可以对其布置一些难度稍微较大的课后作业，如听力笔记填空、细节讨论等。而对于听力能力较弱的学生，教师在进行任务布置之前需要寻找学生问题所在，对其问题进行针对性辅导，让学生可以个性化发展，全面提高学生英语听力能力水平。而在课堂上，教师可以将学生分为不同小组对听力材料、内容进行讨论，通过合作交流方式来让学生学会互助学习，提高学生学习合作的能力。

大学英语听力教学不仅是让学生进行听力培养，对学生口语能力要求也较高，因此教师在进行教学时要着重培养学生口语能力。在进行口语教学时，教师可以利用网信息网络技术建立教学平台，布置视频、音频作业，引导学生开口练习英语。由于学生口语能力基础参差不齐，因此，教师在进行作业预留时可以先上传相关视频和音频材料，让学生在进行课后作业时可以以此为参考对象。学生在进行作业提交时也可以采取不同形式，如个体、小组、视频、音频等，进行全方位训练。教师可以根据学生所提交的作业进行逐一评价，让学生能够了解到自身问题所在并根据其问题进行修正，提升学生口语听力表达能力，让学生能够更好地将英语基础知识进行利用。

虽然视频和音频的作业形式时长只有几分钟，但是学生需要花费大量时间查阅资料，练习语法知识，并且学生在查阅相应资料时也可以扩充学生学习知识面，让学生能够从不同角度来获取到相应基础知识，提高自身英语素养。在新媒体时代下，学生更有表现欲望，利用这种新型教学形式可以满足学生学习需求，顺应学生个性，让学生可以在学习相应基础知识的同时展现个人魅力，将学生主观能动性充分调动出来。

运用混合式教学的学生听说能力有着显著提升，对英语兴趣较为强烈，会主动进行相应学习。

由此可见，混合式教学作为一种新型教学模式，可以充分将学生的学习兴趣调动起来，让学生更加积极、主动进行相应学习。教师可以及时掌握学生学习情况，对学生进行针对性、全面性辅导，让学生英语素养能够得到大幅度提升，为今后的学习生涯奠定良好基础。

综上所述，学生作为大学英语教学过程中的主体，是大学英语教师进行日常教学中所服务的对象，大学英语教师进行日常教学时必须要以学生为主体开展相应教学活动，让学生能够全面发展。随着我国社会经济稳定发展，新媒体时代逐渐来临，如何提高学生听力能力，提升大学英语听力教学课堂质量与效率是每一位大学英语教师都应该思考的问题。混合式教学作为新时代下的产物，可以让学生融入真实语言环境中，通过实践来感知英语魅力，积累语言素材，将学生的主观能动性充分发挥出来，培养学生英语思维能力，在听说写中提升自身运用能力。混合式教学可以让学生自主进行相应学习，从而全面提高学生语言运用能力，让学生英语综合素养得到进一步发展，满足社会大众需求。

二、高校英语口语课堂及混合式教学

（一）高校英语口语课堂的教学体系

1. 口语课堂教学的理论分析

（1）建构主义理论。大学英语口语教学需要有话题支撑，教学的过程需要教师和学生的交流和协作才能进行，学生的主体地位较为突出。建构主义教学理论在大学英语口语教学中具有很强的适用性。建构主义是认知结构学习理论在当代的发展，它强调学生的巨大潜能，认为教学要把学生现有的知识经验作为新知识的生长点，引导他们从原有的知识经验中"生长"出新的知识经验。建构主义认为，学习是在社会文化背景下，通过人际间的协作活动而实现的意义建构的过程。

1）知识观。建构主义者一般强调，知识并不是对现实的准确表征，它只是一种解释、一种假设，并不是问题的最终答案。而且，知识不可能以实体的形式存在于具体个体之外，尽管我们通过语言符号赋予了知识一定的外在形式，甚至这些命题还得到了较普遍的认可，但这并不意味着学习者会对这些命题有同样的理解，因为这些理解只能由个体基于自己的经验背景建构起来，它取决于特定情境下的学习历程。学生对知识的"接受"只能靠他们自己的建构来完成，以他们自己的经验、信念为背景来分析知识的合理性。学生的学习不仅是对新知识的理解，而且也是对新知识的分析、检验和批判。

2）学习观。建构主义者认为，知识不是通过教师的传授获得的，而是学习者在一定的情境即社会文化背景下，借助其他人（包括教师和学习伙伴）的帮助，利用必要的学习资料，通过意义建构的方式获得的。学习是个体建构自己知识的过程，这意味着学习是主动的。学生不是被动的刺激接受者，他要对外部信息做主动的选择和加工，因而不是行为主义所描述的刺激——反应过程。而且，知识或意义也不是简单地由外部信息决定的，外部信息本身没有意义，意义是学习者通过新旧知识经验间反复的、双向的相互作用过程建构而成的。其中，每个学习者都在以自己原有的经验系统为基础对新的信息进行编码，建构自己的理解，同时原有知识又因为新经验的进入而发生调整和改变，所以学习并不简单是信息的积累，它也包含由于新旧经验的冲突而引发的观念转变和结构重组。学习过程并不是简单的信息的输入、存储和提取，而是新旧经验之间双向的相互作用过程。

3）课程观。建构主义者强调，用情节真实、复杂的故事呈现问题、营造解决问题的环境，以帮助学生在解决问题的过程中活化知识，变事实性知识为解决问题的工具；主张用产生于真实背景中的问题启发学生思维，并以此支撑和鼓励学生解决问题的学习、基于案例和项目的学习，进而以此方式参与课程的设计与编制；主张课程既要基于学科，又要超越学科，面向真实世界，从而使教学始于课堂，走出课堂，融于社会。

4）教学观。建构主义者强调，教学通过设计重大的任务或问题以引导学习和支撑学习的积极性，帮助学习者成为学习主体。建构主义学习环境由情境、协作、会话和意义建构四个要素构成。其中，情境是意义建构的基本条件，教师与学生之间、学生与学生之间的协作，以及会话是意义建构的过程，而意义建构则是建构主义学习的目的。

5）学生观。建构主义者强调，学生并不是空着脑袋走进教室的。在日常生活中，在以往的学习中，他们已经形成了丰富的经验，往往会依靠他们的认知能力，形成对问题的某种解释。而且，这种解释并不都是胡乱猜测，而是从他们的经验背景出发推出的合乎逻辑的假设。所以，教学要把学生现有的知识经验作为新知识的生长点，引导学生从原有的知识经验中"生长"出新的知识经验。

6）教学模式。基于建构主义教学观的理论，产生了一系列不同于以往的教学模式，以下简要分析其中较为典型的教学模式：

第一，情境性教学。情境性教学强调教师在课堂教学中展示与现实中专家解决问题过程相类似的探索过程，提供解决实际问题的原型，并指导学生的探索；强调以模拟真实性任务供学生了解自己所要解决的问题，以整体性、复杂性、挑战性任务激发学生学习的内部动机，培养学生解决问题的能力。可见，情境性教学的仿真性应是英语口语教学竭力追求的教学思路。仿真性探索过程或原型式问题解决过程展示，是当前普遍的英语口语教学模式。情境性教学理论对于我们转变学习观、教学观具有重要的现实意义，也正因如此，如何大胆地取舍教材，如何大胆地汲取各种信息媒介中的英语口语课程资源，已经成为我们目前必须正视和思考的问题。

第二，支架式教学。支架式教学模式是针对教师和学生在教和学的过程中各自所起的作用而言的：教师引导着教学的进行，辅助学生掌握、建构和内化所学知识技能，从而使学生进行更高水平的认知活动。换言之通过支架（教师的帮助）把管理学习的任务逐渐由教师转移给学生自己，最后撤去支架。

第三，随机进入式教学。随机进入式教学是指对同一内容、不同时间、不同情境，基于不同目的，着眼于不同方面，用不同方式多次加以呈现，以实现学习者对同一对象的全方位、多方面的理解。

（2）输入输出理论。

1）输入理论。输入这种教育教学理念在外语教学与研究领域一直受到广泛关注。在关于输入的众多理论研究中，最具影响力的是美国学者克拉申在 1985 年提出的"输入理论"。"输入理论"指出，可理解性输入是二语习得的唯一条件。"可理解性输入"指的就是整体难度不超出外语学习者的基本能力和理解范围，但又稍稍高于学习者现有水平的语言输入，用公式表示就是"i+1"，"i"代表学习者目前的知识水平和能力，"1"代表略高于学习者目前知识水平的语言知识，"i+1"表示学习者习得后略高于原来水平的语言能力。只有提供给学习者高于目前语言水平的可理解性输入，语言的习得才得以发生。对于"i+1"的知识内容，学习者根据具体语言材料提供的情景则能自然而然地习得语言，语言能力的提高也因此自然而然地发生。可理解性输入应具备以下特征：

第一，可理解性。可理解性的输入是产生语言的前提和要素，不可理解性的语言对于语言习得是毫无用处的。为语言学习者提供的语言材料及创造的语言环境应是可理解性的，只有这样学习者才能根据自己现有的语言水平有选择地获取新的语言知识，从而推动语言能力的进一步提升。

第二，非语法性。语言材料和教学内容的安排没有必要按照语法要求编排，这样做的目的是帮助学习者把注意力放在具体语言使用环境中的语言交流上，避免学习者把注意力过度集中在语言形式上的安排。

第三，关联性。用于输入的语言必须要与学习者有一定的关联性，只有这样，学习者才能够在相关背景知识的帮助下自然而然地习得语言。

第四，充足性。对于学习者语言知识的输入量要充足并且高于当前语言学习者的语言水平，只有充足的高于现有语言水平的输入才可以促使习得的产生。

2）输出理论。输入理论认为可理解性输入是语言习得的唯一条件，至于输出，只是输入的自然结果，对语言习得没有直接作用。输出理论认为，语言的习得不仅需要输入，输出也是重要的环节。可理解性的输出不仅可以锻炼语言学习者的流利性，对于提高学习者的语法准确性也有重要意义。可理解性输出对于语言的习得具有以下三种功能：

第一，引发注意功能：输出理论认为，在学习者进行目标语输出的过程中，会注意到自身的语言问题和目标语之间的差距，这种注意引发学习者进一步有意识地思考和认知，语言输出的准确性得以产生。

第二，假设验证功能：语言学习者在习得的过程中首先对目标语的语言形式和结构形成假设，然后以输出为形式对假设进行验证，随着反馈的产生，不断进行修正，进而形成新的假设，假设验证功能循环进行，语言习得随之产生。

第三，元语言功能：元语言是指学习者所具有的目标语知识的总和。输出过程中，学习者的反思和分析，激发了其对目标语的内在认识，以语义为基础的认知逐渐过渡到以语法为基础的认知，输出在整个过程中扮演了元语言功能。

3）输入输出理论的启示。

第一，完善可理解性课堂输入。学生在口语表达中遇到的最大问题通常是无法用现有的语言知识表达自己的观点和想法，究其原因是语言输入太少，输入量不足，无法促进输出。大学英语口语教学改革的首要任务就是完善和加强可理解性的课堂输入。根据输入理论的要求，提供给语言学习者的输入须是可理解性的，因为根据输入理论，只有可理解性的输入才能有效促成语言习得。因此，英语课堂上的语言输入首先需符合学生的实际语言水平，根据学生现有水平进行输入材料的选择，因材施教，输入材料既要符合学习者的现有水平，又要在一定程度上超出学习者目前的口语水平，这样的输入更有针对性。高校扩招使得学生的口语水平参差不齐，而完善的可理解性课堂输入能够有效解决这一问题。

另外，丰富的输入材料对于输入是必不可少的。"i+1"公式明确指出高于学习者目前水平的输入量的必要性。多种多样的阅读材料和听力资源都是输入的有效途径，教师可以不拘泥于教材，向学生推荐一些知识性、趣味性、前沿性都很强的阅读听力资源，如可以让学生阅读英语报纸杂志，观看英文电影和电视节目，收听英文广播等，这样能有效地补充课内输入单一性的不足，让学生接触到地道纯正的英语表达，通过输入尽可能多的语言知识，以促进口语输出的产生。

第二，多种途径推动语言输出。对于大学英语口语教学而言，形式多样、行之有效的口语输出方式至关重要。对于口语输出而言，轻松愉悦的课堂氛围是非常必要的，教师要为学生营造一种轻松的无压力的交流氛围，充分考虑到学生的个体差异，重视对于学生的鼓励和自信心的培养，使学生在宽松的课堂环境中进行有效的口语输出。

在传统的大学英语教学实践中，教学模式以单一语言输入方式为主，但在大学英语口语课堂改革中，教师应不断探索多样性输出形式，力争在有限的课堂时间之内，提供给学生更多的输出机会。分组讨论，做报告，辩论，故事复述，图片描述，定题对话，英文歌曲比赛，短剧表演等课堂活动都是很好的培养学生口语表达能力的输出方式。在学习者输出的过程中，他们在特定语境中意识到自己目前的语言水平与目标语之间的差距，充分引起学习者的注意，推动学习者进行语言输出，并在输出的过程中不断验证假设，促使学习者不断完善本身的语言结构，从而达到语言能力的习得。

第三，完善英语口语测试体系。测试是输出过程中的重要环节，比较一下我国目前现行的各类语言类测试，我们会发现现行英语考试中，英语口语测试并没有引起足够的重视，极大限制了英语学习者口语水平的发展。对于现行影响力最广的中考，高考，大学公共英语四、六级考试，专业英语四、八级考试，都没有对于口语的考查环节（即使个别考试有口语测试的环节，也只是针对极少数成绩较高的同学而设置的测试）。现行英语考试设置对于口语测试部分的忽视，无疑会把绝大多数大学英语学习者的学习重点引向阅读或者听力、写作，而忽视了口语表达的重要性。

输入输出理论作为语言习得的全新视角，在如何加强教师与学生之间、学生与学生之间的互动，如何提升学生的学习动机和积极性，如何设计以输出为目的的教学活动等方面都具有重要的启发性作用。如果将输入输出理论应用到英语教学实践和改革中，完善可理解性的课堂输入，并且探索多种途径推动学习者的语言输出。输入输出理论作为一种全面的视角和教学思路在大学英语口语教学改革及整个大学英语综合教学模式探索方面都有一定的启发和借鉴作用。

（3）二语习得理论。第二语言习得（SLA，简称二语习得），通常指母语习得之后的任何其他语言学习。人们从社会学、心理学、语言学等角度去研究它。第二语言习得研究作为一个独立学科，大概形成于 20 世纪 60 年代末 70 年代初。二语习得理论对第二语言特征及其发展变化、学习者学习第二语言时所具有的共同特征和个别差异进行描写，并分析影响二语习得的内、外部因素。与其他社会学科相比，二语习得研究是个新领域，大都借用母语研究、教育学研究或其他相关学科的方法。概括而言，这一领域的研究是为了系统地探讨二语习得的本质和习得的过程。其主要目标是：描述学习者如何获得第二语言以及解释为何学习者能够获得第二语言。

1）二语习得理论的研究领域。早期的第二语言习得理论是教学法的附庸，为提高教学质量而服务，但是随着时代变迁，第二语言习得理论有了自己的研究领域而开始成为一门独立的学科。现时的第二语言习得研究涉及三大领域，即中介语研究、学习者内部因素研究和学习者外部因素研究。

自 20 世纪 70 年代以来，人们对二语习得从各个不同的方面进行了研究，所运用的研究方法也各具特色。有的研究侧重于描写，有的研究偏重假设，有的研究则采用实验。多年来，第二语言的多侧面、多方法的研究格局导致了该领域中的理论层出不穷。比较著名的二语习得理论有：乔姆斯基的普遍语法与二语习得、克拉申的监控理论和二语习得环境论。

在 20 世纪末影响最大、最引人关注的二语习得理论当数克拉申的监控理论。监控理论可以归结为五项基本假说：语言习得与学习假说、自然顺序假说、监控假说、语言输入假说和情感过滤假说。克拉申认为第二语言习得涉及两个不同的过程：习得过程和学得过程。所谓"习得"是指学习者通过与外界的交际实践，无意识地吸收到该种语言，并在无意识的情况下，流利、正确地使用该语言。而"学得"是指有意识地研究且以理智的方式来理解某种语言（一般指母语之外的第二语言）的过程。克拉申的监控假说认为，通过"习得"而掌握某种语言的人，能够轻松流利地使用该语言进行交流；而通过"学得"而掌握某种语言的人，只能运用该语言的规则进行语言的监控。通过一种语言的学习，我们发现，"习得"方式比"学得"方式显得更为重要。自然顺序假说认为第二语言的规则是按照可以预示的顺序习得的，某些规则的掌握往往要先于另一些规则，这种顺序具有普遍性，与课堂教学顺序无关。"输入假说"是"监察理论"的核心内容。克拉申认为，学习者是通过对语言输入的理解而逐步习得第二语言的，其必备条件是"可理解的语言输入"。只有当学习者接触到的语言输入是"可理解的"，才能对第二语言习得产生积极作用。"情感过滤假说"试图解释为何学习者的学习速度不同，最终达到的语言水平不同。学习者所接触的可理解输入的量以及他们的情感因素对语言习得同样产生重要影响。情感最终影响语言习得的效果。

2）二语习得理论的应用阶段。二语习得在实际的语言学习过程中包括四个基本阶段：第一阶段为沉默期；第二阶段为英语语法干扰期；第三阶段被称为学术英语提高期；第四阶段是学习曲线上升期。

根据二语习得理论及具体的四个阶段可见，克拉申的二语习得理论对语言教学有着重要的启迪作用，确实为第二语言习得的研究和教学开辟了一片新的领域，使第二语言的教学有了长足的进步，而由克拉申自己开创的自然教学法也取得了很好的效果。首先，语言是交流的工具。克拉申的整个理论是建立在"语言是交流的工具"这一基础上的。习得和学得的区别是前者是潜意识的学习过程，后者是有意识的学习过程。习得是以"规则"为判断基础，学得是以"语感"为判断基础。从根本上而言，语言是交流的工具而不是规则、语音和词汇的组合。中国学生和教师都熟悉我们传统的语言教学模式，通常我们的每一节课都会以教授和练习某一语法结构为目的，这一语法结构掌握了，就会开始下一个。事实上，我们应该"先要交流再要语法"。只有把交流看作教学的重心，语言教学才会成功。其次，输入第一，输出第二。在语言学习中，听、说、读、写四种技能很难被分开，所以也很少有人去考虑哪个更重要。克拉申则强调只有在有了足够的输入，学习者感到已经准备好了的时候，输出才会自然出现。在接触了足够的输入，积累了足够的语言能力后，输出会自然出现。克拉申认为可理解的输入是提高语言能力的唯一因素。最后，语言课堂的气氛应该降低情感过滤因素影响。情感因素会妨碍或促进输入到达语言习得机制。所以，语言学习的课堂气氛应当有助于降低学生情感因素的妨碍作用。

另外，作为大学英语口语教学当中角色之一的教师就要发挥好指导作用。教师的首要职责是创造一种宽松的课堂氛围促进语言习得的效果。教师的主要任务是鼓励学生，提高学生的语言学习兴趣。在教学的不同阶段，教师会担任不同的角色，具体如下：

第一，提供输入材料阶段，教师就是提供信息者：这一阶段是语言学习最重要的阶段，教师将是舞台的焦点，通过各种手段向学生提供可理解的足够的输入材料。

第二，练习阶段，教师将是导演和现场督导：在此阶段，轮到学生发言，教师要像经验丰富的导演那样进行指挥和组织，并起到督导的作用保证活动的顺利进行。

第三，输出阶段，教师将是经理和导游：在这一阶段要善于鼓励学生，使学生保持兴趣。同时，作为大学教师，还应该要注意在课堂的教学活动中不要过分要求输出，在开始阶段应允许学生用单词、短语甚至断句来回答，循序渐进；语法虽然是英语学习的基础，但在口语的教学活动中，对语法的纠正应该被局限在最低程度，毕竟有意识的语法应用无助于语言能力的提高；教师应当积极主动，多以鼓励和辅助为主，这样才有助于提高学生在口语学习中的学习动机、增强学生的自信、降低学生的焦虑不安。

2. 口语课堂教学的具体目标

大学阶段的英语口语教学目标也分为三个等级，即基础目标、提高目标和发展目标。

（1）基础目标。基础目标是针对大多数非英语专业学生的英语学习的基本需求来确定的。具体包括：①能就日常话题用英语进行简短的交谈；②能对一般性事件和物体进行简单的叙述或描述；③经准备后能就所熟悉的话题做简短发言；④能就学习或与未来工作相关的主题进行简单的讨论。语言表达结构比较清楚，语音、语调、语法等基本符合交际规范。能运用基本的会话技巧。

（2）提高目标。提高目标是针对入学时英语基础较好、英语需求较高的学生确定的。具体包括：①能用英语就一般性话题进行比较流利的会话；②能较好地表达个人意见、情感、观点等；③能陈述事实、理由和描述事件或物品等；④能就熟悉的观点、概念、理论等进行阐述、解释、比较、总结等。语言组织结构清晰，语音、语调基本正确。能较好地运用口头表达与交流技巧。

（3）发展目标。发展目标是根据学校人才培养计划的特殊需要以及部分学有余力学生的多元需求确定的。具体包括：①能用英语较为流利、准确地就通用领域或专业领域里一些常见话题进行对话或讨论；②能用简练的语言概括篇幅较长、有一定语言难度的文本或讲话；③能在国际会议和专业交流中宣读论文并参加讨论；④能参与商务谈判、产品宣传等活动。能恰当地运用口语表达和交流技巧。

3. 口语课堂教学的主要特点

（1）口语教学内容的特点。英语口语教学的内容是广泛的，它不仅包括在口语课上教学生如何说，而且还要从教学内容、教学安排等方面保证学生在课下都有大量的口语实践机会。因此，教学内容的广泛、可延展性是英语口语教学的一大特点。教师可以有计划地组织安排各种训练活动，把训练学生听、说、读、写、译等各项能力有机地结合起来，根据不同阶段，不同的练习目的和主题采取诸如朗诵、辩论、演戏、配音、口头作文等多种形式，把握适当的难易度，巩固学生的基本功，使教学内容成为一个可伸缩的、知识性、趣味性并重的系统。

另外，英语口语教学也是拓宽知识、了解世界文化的素质教育过程，兼有工具性和人文性。因此，设计英语口语课程时应充分考虑学生的文化素质和国际文化知识的传授以及听说能力培养的要求，给予足够的学时，鼓励使用先进的信息技术，开发建设网络课程，为学生提供良好的语言听说环境与条件。

（2）口语教学模式的特点。英语口语教学不同于一般的知识传授过程，它的教学模式需要更多地体现英语教学的实用性、知识性和趣味性，有利于调动教师和学生双方的积极性，尤其要体现学生在教学过程中的主体地位和教师在教学过程中的辅导作用。教师可以根据不同活动内容的需要，灵活多样地选择最恰当的教具和最直观有效的教学手段，激发学生的学习兴趣，提高学习的积极性和主动性。根据学校的条件和学生的口语水平，还可以充分利用网络环境，直接在网上进行听说教学和训练。网络教学系统能随时记录、了解、检测学生的学习情况以及教师的教学与辅导情况，充分体现英语教学的互动性。与其他教学模式相比较，口语教学的教学手段和教学方法的选择是否成功极大地影响着口语教学活动中学生互动性的实现程度，进而影响英语教学效果的好坏。

（3）口语教学评估的特点。教学评估是英语口语教学的一个重要环节。全面、客观、科学、准确的评估体系对于实现教学目标至关重要，它既是教师获取教学反馈信息、改进教学管理、保证教学质量的重要依据，又是学生调整学习策略、改进学习方法、提高学习效率和取得良好学习效果的有效手段。对学生学习的评估可分为两种：一种是形成性评估；另一种是总结性评估。无论采用哪种形式，英语口语教学的评估都是考核学生实际使用英语语言进行交际的能力。其中，学生口语表达的准确性和流利程度是衡量口语教学效果的重要指标之一。口语教学的主要内容是语音教学，自然规范的语音、语调将为有效而流利的口语交际打下良好的基础。尤其是在中学口语教学过程中，教师重视发音的准确性，而不过分强调流利程度有助于学生培养良好的语言习惯。英语口语教学是通过对学生语音、语调、语速的准确性和流利程度来进行的。

（4）口语教学管理的特点。英语口语教学的管理贯穿于英语口语教学的全过程，要确保英语口语教学达到既定的教学目标，必须加强教学过程的指导、监督和检查。因此，口语教学的管理要做到以下方面：

1）必须有完善的教学文件和管理系统。教学文件包括：学校的英语教学大纲和口语教学的教学目标、课程设计、教学安排、教学内容、教学进度、考核方式等。管理系统包括：学生口语成绩和学习记录、口语考试分析总结，口语教师授课基本要求以及教研活动记录等。

2）口语教学推行小班课，每班不超过 30 人，若自然班人数过多，可将大班分成约 30 人的小班，分开上口语课。

3）有健全的教学管理和培训制度。英语教师的口语水平是提高口语教学质量的关键，学校应建设年龄、学历和职称结构合理的师资队伍，加强对教师的培训培养工作，鼓励教师围绕教学质量的提高积极开展教学研究，创造条件因地制宜开展多种形式的教研活动，除课堂教学之外，对第二课堂指导的课时应计入教师的教学工作量。

4. 口语课堂教学的提升策略

英语课主要目的是通过大量的语言实践和有意义的语言运用，帮助学生提高语言技能和实际运用英语的能力。英语课应倡导学生主动参与课堂教学活动，以口语训练为主、勤于动口，积极与他人合作、交流，激发英语学习情趣。

（1）纠正学生英语的发音。在大学英语的第一堂课，向学生阐明正确发音的重要性，即标准的发音是一个人英语口语素质的基本体现。并且督促学生积极纠正，在课下同学之间互相帮助，互相监督。同时教师也应该帮助学生总结一些极其容易出错的发音在课堂上有针对性地指出，让学生引起足够的注意和重视。教师可以安排学生课下做一些他们感兴趣的原声材料模仿练习并要求在课堂上进行展示，例如，电影对白、演说词、诗歌朗诵、英文歌曲等。学生通过模仿不仅可以纠正每个单词的发音也可以有意识地去学习纯正的语调及地道的表达方法，从而增加对英语的语感。长此以往，一定能收到很好的效果。

（2）培养学生自主学习意识。口语课成功与否很大程度上决定于教师与学生是否明确他们各自在口语课上的作用。现代英语教学法则认为，教师不应是课堂的中心，真正的中心是学生。建构主义学习理论认为学生是信息加工的主体，是意义的主动构建者。在英语口语教学中，学生是主体，教师要相信学生，培养他们的自主意识。学生并非一切都要等待教师才能学会，让他们用自己的眼睛、耳朵、嘴巴、手去看、去听、去说、去写。调动学生参与课堂教学的积极性，有效地改变教师一言堂的沉闷、单调的教学模式，形成以学生为主体的课堂教学氛围。

（3）培养学生英语思维的能力。

1）鼓励学生掌握尽可能多的词组。在大学英语教学中，单词的学习，不能占用太多的课堂时间，而应该成为学生自主学习的一项主要内容。传统教学中比较重视对单词的掌握，并配以一定的例句，但在实际生活中，词组才是人与人交流的最小单位。因此，学生应以词组为单位，尽可能多地掌握词组。教师为了引导学生可以在课堂上适当地加入词组接龙竞赛之类的游戏，要求学生按顺序将自己所掌握的词组写到黑板上，这种方法一方面可以活跃课堂气氛；另一方面也可以提高学生记忆词组的积极性。

2）地道英语／固定表达法的学习。有些地道的英语表达法可以猜出他们的意思，却很难在说的时候想到这些固定的说法。所以，教师应该引导学生多看纯正的英语阅读材料，地道的英语影片，并有意识地积累相关句子，长此以往，在很多情境下，学生们就可以按照英语的模式来表达意思了。

3）背诵文章讲故事，培养语感。学生通过背诵短小精悍的文章，可以缓解畏难情绪，激发他们的兴趣，更重要的是培养了他们的语感。在跟读—朗读—背诵这三步的练习中，学生们提高了他们的断句能力和理解能力。其实，无论是怎样的材料，只要是地道的英文，难度符合学生的水平，内容是学生们感兴趣的，坚持背诵，都能提高学生的语感。

（4）注重口语教学中的输入和输出能力。口语教学的特殊性也表现在语言的输入与输出的关系上。输入与输出是构成口语交际能力的重要部分。外语交际能力包括准确接收信息和发出信息的能力，也就是输入与输出的能力。只有经过一定语言材料的输入才可能有输出，因此，教师作为课堂教学的组织者，既要注重给学生创造外语的环境，尽可能多地用英语组织教学，扩大学生间、师生间的英语交流，更要把课堂里所要掌握的知识与口头表达有机地融合在一起，给学生创设一个听说英语的氛围，这就需要教师在教学中想方设法培养学生"听"和"说"的能力，帮助他们养成听说结合的习惯。大学英语朗读磁带，听力训练磁带和录像带为学生提供了很多素材，有助于扩大思维空间，提高学生对课文主题的兴趣，同时也增加了语言的输入。

1）先听题，后听课文，回答问题法。这一步让学生进行听力综合训练，培养语感，引导学生从整体上感知课文，提高在听的过程中获取和处理信息的能力。

2）看录像，再听课文，了解课文大意法。这一步要求学生抓住关键词；听大意和主题；确定事物的发展顺序或逻辑关系；预测下文内容；理解说话人的态度；评价所听内容；判断语段的深层含义，使学生进一步了解课文内容。

（5）强化交际性训练并提升口语交际。交际能力包括四个方面：一是语言能力，指正确理解和表达话语和句子意义所需的语音、词法、句法、词汇等语言知识系统；二是社会语言能力，指语言使用的规则，即在人际交往中合适理解和使用话语的能力；三是语篇能力，指在超句子水平面上理解和组织各种句子构成语篇的能力；四是语言策略能力，指说话者在遇到交际困难时运用的一套系统的技巧，用于补救交际中因缺乏应有的能力而导致的交际中断。从以上分析可以看出，语言能力只是交际能力的一个组成部分，缺乏语用能力，即社会语言能力、语篇能力和语言策略能力。因此，大学英语口语教学应注重在交际性训练中培养语用能力，提高口语交际策略。

1）创造语言环境，营造以学生为中心的课堂交际场景。教师应联系社会生活设计真实的任务情景，将语言知识的学习融于语言使用的活动中，使语言能力和语用能力的发展紧密结合起来。另外，策略能力也是交际能力不可忽视的一部分。当学生语言知识和语言能力有限，不足以充分和合适地表达自己的思想时，可利用转述、借用、手势与回避等策略保持交际渠道畅通。

2）发挥教师的指导作用，调控与激励学生的学习动机。动机策略包括激发和调动学生的外部动机和内部动机。外部动机指学习活动的表现与活动结果之间的联系，如出色的表现所带来的知识积累及其在今后学习中的价值；内部动机指学生在活动中花费努力而获得的自我愉悦和成就感。因而教师应充分调控与激励学生的学习动机，为他们提供必要的资源和帮助。

3）充分利用多媒体辅助教学，享受纯正的现场语言交际情景。多媒体信息量大、速度快，可帮助教师传递大量信息，给学生提供多种形式的训练方法及更多的语言实践机会，有利于语言应用能力的提高。同时，它具有语言、画面、音响三结合的特点，把学生带进真实的社会语言交际场所，视觉、听觉冲击力强，效果得以优化。

（二）高校英语口语课堂混合式教学

混合式教学是教育信息化背景下"线上"与"线下"优势相互整合而形成的一种新型教学模式，其主要作用在于构建深度学习课堂，促进教育信息化发展。混合式教学模式下，"线上"教学是重要的教学准备，而"线下"教学，则是对"线上"学习成果的进一步深化。如今，信息化成了推动教育改革创新的核心力量，大学英语教师应当充分发挥信息技术辅助应用于英语教学的显著优势，积极构建口语混合式教学模式，引导学生充分利用课余时间，借助"线上"资源，通过"人机对话"的方式进行口语训练，营造良好的口语交际和表达氛围；同时，立足"线上"学习情况，优化"线下"口语训练，共促大学生英语口语交际和表达能力提升。

作为一种"线上"+"线下"相结合的教学方式，混合式教学模式本就基于信息技术而产生和发展。基于信息技术的大学英语口语混合式教学模式构建，教师建立了"课前驱动""课堂促进"和"课后拓展"相结合的教学模式。其中，"课前驱动""课后拓展"强调的是"线上"学习，而"课堂促进"则是"线下"学习。三个教学环节的相互促进和相互补充，对提高学生的英语口语交际和表达能力具有极其关键的作用。

1. 课前驱动

"课前驱动"是大学英语口语混合式教学模式构建的一个关键性环节。"课前驱动"的方式，与"翻转课堂"模式具有相似之处，其主要目的都是让学生充分利用课前时间进行自主学习，以期达到对知识的初步掌握与理解，为教师课堂教学质量的提升奠定基础。基于信息技术的大学英语口语混合式教学模式构建，教师在"课前驱动"环节，借助移动设备，强调"微手段"（微课资源、微信平台）等的应用，促使学生在"课前驱动"的过程中有优质的学习资源，有互动沟通交流的平台，能够让学生通过自主学习，强化口语训练，提高学习质量。

例如，教师在教学中强化对学生的英语演讲能力训练。为了给学生很好的英语演讲示范，教师结合信息技术手段优势，筛选了适合教学单元主题的 TND（技术、娱乐、设计大会）

演讲视频，通过班级微信群的方式推送给学生，要求学生借助移动设备自主学习和熟悉相关的演讲视频。为了对学生的自主学习进行很好的监督和管理，教师通过"微信小程序"的方式给学生布置打卡任务，充分把握学生自主学习的状况，同时给学生营造良好的自主学习氛围，为实现良好的"课前驱动"效果奠定基础。当然，除了英语演讲，大学英语教师课前学习任务的形式是多元的，如教师可以将课文朗诵的视频、音频通过微信群共享，学生在课前预习中可以结合教师的音视频进行自主朗读训练；教师也可以结合一些富有趣味性的英文电影，引导学生反复观看，熟悉台词以及发音方式，为后续的角色趣味配音奠定基础。

总而言之，"课前驱动"是大学英语教师构建混合式口语教学模式的第一步，也是极其关键的一步。在课前驱动环节，教师务必要重视微视频、微课等信息化教育资源的应用，同时巧妙地借助微信群、微信程序等，实现师生之间的互动交流，提高学生的课前口语训练效果。

2. 课堂促进

如果说"课前驱动"是"线上"教学的主要模式，那么，课堂促进便是教师实现"线下"教学的关键阵地。"线下"教学是"线上"学习的进一步巩固和深化，而教师在"线下"教学的过程中，一定要立足其"线上"学习状况科学规划。在课堂促进环节，教师教学的重点主要体现在两个方面：一是错音纠正。"正音"是英语口语训练的一个关键点。在课堂促进环节，教师要紧密结合学生的英语口语发音状况，及时对学生错误的发音进行纠正，以提高学生的音准。二是技巧和方法的指导。在英语口语表达技巧和方法的指导方面，教师将口语训练分解为三个重要的模块："听力难点解析""口语实例分析""经典讲稿解读"，当然，针对这些模块的训练，教师均有相应的英文视频作为支撑。在课堂训练的过程中，教师可以采取"示范性朗读"（分为教师示范和音视频示范）、角色朗读、趣味配音等多元化的活动方式，激发学生口语交际和表达的兴趣。

3. 课后拓展

基于信息技术的大学英语口语混合式教学模式构建，"课后"不仅是巩固，更是拓展和延伸。以英语演讲为例，在课前学习环节，纵然有教师的教学视频作为支撑，但学生对知识的认知依然处于懵懂阶段；而经历了课前自主、课堂学习两个重要的环节之后，学生对相关知识的认知便进入了更深层次。因此，大学英语教师务必要重视学生课后口语的拓展和延伸，进一步强化口语训练，提高口语水平。

第二节 高校英语阅读与写作课堂混合式教学

一、高校英语阅读课堂及其混合式教学

（一）高校英语阅读课堂的教学体系

1. 英语课堂阅读教学的理论分析

不少中外学者从不同角度研究或提出了行之有效的阅读理论，如外语界比较熟悉的，最具有影响力的有图式阅读理论、阅读模式理论、语篇分析理论、词汇衔接理论和合作学习理论等。

（1）图式阅读理论。20世纪80年代，心理学家将图式理论运用到外语教学中，用它来解释阅读理解的心理过程，从而形成了图式阅读理论。图式阅读理论认为阅读过程是一个读者头脑已有图式与文本信息"双向互动"的过程，而阅读理解是文本信息与读者头脑中的图式相互作用的结果。阅读理解的双向过程包括两方面的信息加工过程，"自下而上"和"自上而下"的过程。"自下而上"指对文本中字、词、句、段落和篇章由小到大的理解过程；"自上而下"指读者根据头脑中已有图式如文化背景知识、文章主题内容、语篇结构等，对文本信息进行自上而下的预测、验证、修正。高效的阅读理解是在这两个过程的交互作用中实现的。

图式阅读理论分为三种类型：语言图式、内容图式和形式图式。

1）语言图式是指读者所掌握的语言文字知识，它包括该语言的语音、词汇和语法方面的知识。如果不具备这方面的语言图式，就无法对输入的文章文字信息进行解码，获取文字的意义。因此，读者要想理解文章，首先必须掌握与阅读文章相关的语言图式，语言图式掌握的熟练程度决定对阅读的理解程度。

2）内容图式指阅读者对所读文章涉及的主题内容，题材或文化背景知识的了解。任何阅读材料都表达了一定的内容思想，建立在一定文化背景基础上。在实践中我们常发现这样一种现象，如果阅读者对阅读材料的主题内容、背景知识比较熟悉，即使在一些文字不熟悉的情况下，阅读者也能比较容易，并且准确地理解文章。这主要是阅读者具备了相关的内容图式。读者对于文章内容越熟悉，理解内容就越容易。

3）形式图式是读者对文章的体裁和篇章结构方面的知识。文章内容的表述都是按一定顺序和结构形式排列语言的。不同体裁的文章具有不同的结构特点和语篇风格，如叙事类、描写类、说明类和论辩类的文章都体现出不同的体裁风格和结构形式。如果掌握了相

关知识，就很容易把握文章的内在逻辑关系，理解作者要表达的思想。

在高效阅读过程中，三种类型的图式运用是相辅相成，缺一不可的。其中"语言图式"是"内容图式"和"形式图式"的基础，负责对语言文字进行解码和整合，并提取意义。语言图式对于理解文本的作用属于"自下而上"的心理加工过程。因此，阅读者首先应具备识别文章字、词、句的语言图式能力，只有在跨越语言障碍的基础上，才能激活和调用更高层级的内容图式和形式图式的资源，才能实现对文章的理解。语言图式在阅读理解过程中具有现在性的地位，但仅具有这种图式并不能正确地理解文章内容，还必须激活相关的内容图式，掌握形式图式。即三种图式必须形成一个层级结构，交互影响，单一的图式能力不能达到有效的阅读效果，有效的阅读必须是三种图式合力的结果。

（2）阅读模式理论。

1）自下而上的阅读模式。自下而上的阅读模式指的是从词语、词组到单一句子一直到英语文章整体分层次逐一进行阅读理解，强调的是让阅读者从最低级的单词开始理解，最终弄明白整篇文章所表达的内容和主题。该模式能够帮助阅读者在阅读过程中加深对文章中出现的一些语法现象等的理解，但是并不能很好地完成阅读者本身与文章之间的互动交流，换言之，该模式把阅读过程视为阅读者仅凭文章中分解的因素例如词汇、句式等单向理解文章所传递信息的过程，忽视了阅读者在阅读过程中的主动地位和积极作用。

2）自上而下的阅读模式。自上而下阅读模式与"自下而上"反之，阅读者在阅读英语文章的过程中不应该处于被动接收信息的地位，而应该积极运用自己所掌握的英语语言知识，根据从文章中得出的语言线索，对文章所表达的内容和主题进行一系列思考、加工、推测和判断等思维活动，它所强调的是阅读者所掌握的较高层的背景知识对阅读起到的作用，突出了阅读者在阅读过程中的主体地位，但是由于片面强调阅读者主动，反而忽视了同样重要的基础语言知识。

3）交叉作用的阅读模式。交叉作用阅读模式的提出和应用实际上就是前两种模式的有效结合，该模式认为在阅读理解的过程中，阅读者不仅仅要根据文章中的文字、单词进行掌握和理解，还应该充分利用自身已掌握的高层背景知识对文章进行阅读。它强调了阅读者与文章之间的关系应该是双重方向的，即阅读者本身所掌握的知识与文章中的组成因素如词汇、句式、语法等是可以相互作用、相互影响的。相比前两种模式，这种阅读模式的优点在于对阅读过程复杂性的解释更为全面，在阅读教学中既强调了学生思维能力的作用，又强调了基础知识的重要性，与目前我国提出的大学英语教大学阅读教学理论研究大纲要求相适应，因此被教育工作者普遍认可和广泛运用。

（3）语篇分析理论。认知心理学认为语篇知识与阅读能力有密切的相关性。学生对阅读材料中篇章结构的认知和理解能力与他们的阅读和写作总体水平成正相关。这就要求教学过程中使学生不只停留在词句的水平上学习语言，而是在语篇水平上，从表达完整确切意义和思想内容的语段篇章的层次结构入手，分析句子之间、段落篇章之间的衔接和相关意义及逻辑思维的连贯，帮助学生达到最大量地获取和掌握文章所传递的信息，进而获得理解语篇作者的观点、态度、思想感情的能力，同时逐步培养学生恰当地使用语言的能力。英语教师运用语篇分析理论进行教学的重点就是要进行宏观分析，使学生初步了解课文的形式和内容，为以后深入理解课文奠定基础。

1）文化背景知识导入。文化背景知识是课文的宏观语境，对语言外的关系意义起着连接作用，对正确理解课文有很强的指导作用。因此，背景知识是读者理解特定语篇所必需的外部世界知识，它包括文章的创作背景、作者背景、文化背景等，涉及文章的写作年代以及社会背景，作者的生平经历和写作风格，以及其他与文章内容相关的知识。文化背景知识的引入方式可以多种多样。教师可以根据具体情况对背景知识有重点有选择地介绍，或者布置学生自己从参考书籍或互联网查找相关的文化背景知识。一旦学生具备了相关的文化背景知识，教师就要帮助他们充分激活这些知识，有意识地运用这些知识进行阅读活动。

2）语篇理论的宏观结构。语篇理论认为，文章均有其特定的结构，尤其是论说文和说明文，基本上由主题段、描写或解说段和结论段构成。正确掌握语篇结构的知识可以帮助阅读者准确、快速地获取信息。所以，我们在教学中先要考虑的问题是文章的框架结构问题。这样我们可以从宏观上把握文章的脉络，可解决类似"每个词都认识就是看不懂意思"的问题。语篇结构分析就是要将文章的语言特点、结构特征、主题表达等有机地结合起来，使学生能达到对文章内容真正的理解，包括作者意图和观点。

（4）词汇衔接理论。词汇衔接是语篇衔接中最突出最重要的手段之一，它是指通过词汇选择，在篇章中建立一个贯穿篇章的链条从而建立篇章的连续性，换言之词汇衔接是将一些话语与另外一些话语连接起来的手段和词汇关系。词汇衔接是语篇的有形网络，体现在语篇的表层结构上，不仅对语篇连贯起着重要作用，更重要的是能从各个层面上反映作者或说话者的交际意图，强化语篇主题。因而对词汇衔接的研究可以帮助我们深化对语篇的分析和理解，提高英语阅读教学效果。

1）教师应在阅读教学中加强词汇衔接理论的系统讲授。在阅读教学中，教师在将词汇衔接知识系统传授给学生的同时，要鼓励学生经常应用这些知识以促进阅读能力的提高，课文精讲是高职英语教学中的一个重要环节，教师在教学过程中应该以语篇为起点讲解课文，通过分析课文中的衔接手段让学生掌握作者的写作思路从而加深对课文的理解。

2）教师在讲解课文时要提醒学生注意词汇连接。教师在讲解课文时要时刻提醒学生注意词与词之间的关系，分析一下课文中的词汇衔接方式及其功能，引导学生抓住关键词从而提高学生对文章理解的程度，教师要有意识地引导学生把词汇衔接与略读快读的训练结合起来，在略读一篇文章时运用词汇衔接知识可以使学生预测文章的发展方向，通过找到文章的关键词、主题句来帮助学生理解文章，在快速阅读中，那些与问题联系最大的句子中往往含有一定的词汇重复如同义词、反义词、上下义词等。教师可以利用词汇衔接对学生进行查找特定信息的训练，从而降低答案搜索的盲目性，提高答题的速度和准确性。

3）教师应该把写作训练与阅读教学结合起来。教师应在指导学生借助词汇衔接分析语篇的同时，引导学生运用词汇衔接手段进行英语写作训练从而使阅读和写作起到相辅相成的作用。

（5）合作学习理论。合作学习理论的基本内涵为：①形成和改变学习者的学习态度，增进其合作学习技能；②创立紧密结合与整合学习为一体的学习方式；③发展批判性思维、推理和解决问题的能力。

1）提倡分组教学。提倡分组教学绝非将整个阅读课教学变成自始至终的分组活动。分组教学与班级授课相结合才是我们推崇的阅读课教学模式。班级授课在知识点传授方面有容量大、节时省力等优势。在合作学习的教学活动中，教师的讲授也是重要的组成部分。合理的分组对提高合作学习的效率有重要意义。因此教师在运用分组教学理论进行教学时要精心地组织学生进行小组活动，并让学生在小组内持续发言。

2）两人小组合作学习。学生们可以被分成两人一组来完成大多数的学习任务，包括阅读和写作。当阅读水平较差的学生与同龄人结成学习小组时，他们将获得更大的帮助。两人小组合作学习不仅对学生提高阅读能力非常有效，而且极其实用。

3）四至六人小组合作学习。四至六人小组合作学习，适用于较为复杂的分析性、探索性的阅读思考问题。这种合作学习方式有以下两大优势：小组成员互助合作、互相启发，形成智力互补，共同寻求解决问题的多种方案。小组成员的合作讨论提高了学生的阅读兴趣及分析归纳、推理验证等逻辑思维能力，小组成员相互合作增加了学生的实践机会。

2. 英语课堂阅读教学的具体目标

大学阶段的英语阅读教学目标分为三个等级，即基础目标、提高目标和发展目标。

（1）基础目标。基础目标是针对大多数非英语专业学生的英语学习基本需求确定的。具体包括：①能基本读懂题材熟悉、语言难度中等的英语报刊文章和其他英语材料；②能借助词典阅读英语教材和未来工作、生活中常见的应用文和简单的专业资料，掌握中心大意，理解主要事实和有关细节；③能根据阅读目的的不同和阅读材料的难易，适当调整阅读速度和方法。能运用基本的阅读技巧。

（2）提高目标。提高目标是针对入学时英语基础较好、英语需求较高的学生确定的。具体包括：①能基本读懂公开发表的英语报刊上一般性题材的文章；②能阅读与所学专业相关的综述性文献，或与未来工作相关的说明书、操作手册等材料，理解中心大意、关键信息、文章的篇章结构和隐含意义等；③能较好地运用快速阅读技巧阅读篇幅较长、难度中等的材料。能较好地运用常用的阅读策略。

（3）发展目标。发展目标是根据学校人才培养计划的特殊需要以及部分学有余力学生的多元需求确定的。具体包括：①能读懂有一定难度的文章，理解主旨大意及细节；

②能比较顺利地阅读公开发表的英语报刊上的文章，以及与所学专业相关的英语文献和资料，较好地理解其中的逻辑结构和隐含意义等；③能对不同阅读材料的内容进行综合分析，形成自己的理解和认识。能恰当地运用阅读技巧。

3. 英语课堂阅读教学的主要特点

从对大学英语教材的把握上看，大学英语教材中几乎包括了各种文体，具有多样性和现代性。其多样性表现为三个方面：一是文章涉及多个领域，如语言、文学、政治、经济、科技等；二是体裁有说明文、记叙文、议论文；三是语域的多样性，所选文章既有书面体文章，也有语体口语化乃至俚语化的文章。因此，大学英语的阅读内容具有篇幅长、生词多、句法多样化、思想深等特点。

大学英语阅读一般分为精读、泛读和略读。

（1）精读。要求学生毫无遗漏地仔细阅读全部语言材料，并获得对整篇文章深刻而全面的理解，在精读课本中，每篇课文后的词汇、语法、句型及注释都应仔细领会。

（2）泛读。也可称为普通阅读，要求学生读懂全文，对全文的主旨大意、主要思想和次要信息及作者的观点有明确的了解。对全文只做一般性的推理、归纳和总结，无须研究细节问题和探讨语法问题。但要求阅读速度高于精读速度的一倍。

（3）略读。是一种浏览性的阅读，指学生以他能力达到的最快速度浏览阅读材料。略读不需通读全文，只跳跃式地读主要部分，主要部分一般指第一段、最后一段及中间衔接段，因为第一段一般为全文概述，最后一段为归纳总结，中间衔接段一般为上下文关系段落或者有递进关系、转折关系、因果关系等。目的是为了获取全文的中心思想和主要内容。一般而言，略读的速度应快于泛读速度的一倍。

4. 英语课堂阅读教学的提升策略

（1）运用语篇教学法进行教学。在传统的语法翻译理论的指导下，英语阅读常常重知识点的分析而轻语篇的整体理解，这样只见树木不见森林的教学模式使学生被动接收信息，往往不能紧扣语篇结构做全面的分析。语篇分析理论主张把文章看作整体，从文章的层次结构着手，引导学生注重句子与句子之间的衔接、段落与段落之间的过渡，使学生在语篇基础上掌握全文，从而提高理解能力。在大学英语阅读教学实践中，运用语篇教学法进行教学的主要环节如下：

1）围绕文章标题，预测文章内容。文章标题是文章内容的总概括，通过对文章标题的分析，可以有效地预测阅读材料的语篇类型及题材。在此过程中，教师可以围绕标题提一些启发性的问题，这不仅有利于预测文章内容，还为下一步导入文化背景做好了铺垫。

2）导入背景知识，进行体裁和语篇分析。体裁是文体分析的三个层面之一。体裁分析是语篇分析的一个方面。要让学生学会比较不同的体裁所达到的不同交际效果，就必须在教学中及时导入相应的文化背景知识，只有让学生充分了解不同文体的特点，认识不同文体的结构，才能有效培养学生运用正确的阅读方法来进行阅读的能力，从而提高阅读效果。例如记叙文阅读时要抓住三个要素：人物、背景（时间、地点）和事件的发生、进程及结果。记叙文常通过时间的先后和地点、空间的转移来描述事情的发展过程。议论文则要抓住论点、论据和论证这些要素。说明文则需要注意主题句及辅助句。说明主题句的辅助部分常用举例的结构形式。与此同时，读者一定要明确语篇的整体形式。如：文章如何开篇，如何结尾，段落如何发展、如何照应，主要观点如何贯穿全文，中心思想如何表达等。

3）抓住主题句，利用信息传递及组织模式把握语篇中句子和段落中心，并进行必要的语法、词汇衔接手段分析和意义连贯推理。在此过程中，教师可以把"篇章纽带"的知识以及有关语篇衔接与连贯的知识介绍给学生。例如用表示时间顺序、地理方位、因果关系等逻辑概念的"过渡词语"以达到文章的连贯性和黏着性；或运用"语法纽带"即通过使用省略、替代、照应等句法手段达到承上启下的效果。从英汉语篇模式及其主题提出的位置来看，英语本族语者重直线型思维。在英语语篇中，英语本族语者倾向于在文章的前一部分（文章的头三分之一段落）提出主题思想。具体到段落中，每段常以一个点明中心思想的主题句开始，接着一层层展开主题，进行论述。

4）精讲部分重要词汇用法，辨析词义，疏通语言点并提供操练句型，这一环节，在日常教学实践中，大部分教师都相当重视。

5）概括全文中心思想。语篇是由段落组成的，每段的主题句基本概括了段落大意，读者通常可以根据主题句推测出语篇的大致内容。换言之，综合几个主题句就可以概括出全文的中心思想。只有把握住全文的中心思想就才更快、更好地理解文章。

（2）重视学生的词汇量与阅读量。词汇量和阅读量是阅读理解的基础，往往预示着阅读能力的高低，因此教师要督促学生加大词汇量和阅读量，鼓励他们多读、多写、多记，同时传授一些词汇记忆方法，如文章中记忆法、造句记忆法、联想记忆法、构词记忆法等。此外还有必要系统讲授一些词汇学习理解方法，如利用词缀猜测生词的含义；利用上下文来推测词义；利用近义词、反义词、同类词来比较词义；通过加大阅读量来巩固词汇等。同时注意一词多义，引导学生掌握词汇的派生、合成和转化等构词法知识，建立起便于记忆和应用的新图式，扩大自己的词汇量。

（3）教授快速阅读的技巧。

1）跨越生词障碍。影响阅读速度的最大障碍莫过于生词了。跨越生词障碍可以通过猜测词义来解决。猜测词义的方法有很多，例如，根据语境、定义标记词（means，refer to，…）、重复标记词（in other words，…）、列举标记词（such as，…）以及同位语、同义词、反义词或常识等。但这些方法都离不开两大要素，首先是阅读者本身的文化修养，即语言、文化素质。其次是通过全局考查个体的能力。这就要求读者要不断扩大自己的知识面，懂得社会、天文、地理、财经、文体等科普性知识。

2）提升阅读速度。

第一，避免以单词为注视点，而要按意群进行阅读，这样才符合眼睛与大脑的协调。成组视读是一种科学的阅读方法，要求把所读的句子尽可能分成意义较完整的组群，目光要尽可能少地停顿。成组视读的关键在于它既不是默读（心读）更不是朗读，而是通过目光在外语与大脑之间建立直接的联系，即外语思维。

第二，避免出声阅读和心读。出声阅读实际上是喃喃自语地把每个词读出来。心读实际上还是一种声读形式，只是没有声音，也看不到嘴唇的嚅动，但在内心想象各个单词的发音，存在着一种内心说话的形式。

第三，认识到阅读是一种视觉过程，是靠眼球自左向右的转动和大脑的协调来获取信息的。有人阅读时总是一个词一个词地读，且常伴有一些习惯动作：用手指、摆头等，这些都是速读的障碍。读的时候要少眨眼、不摆头，只要眼球来回转动就可以了。

第四，利用略读、查阅提升阅读速度。略读，即指读者以最快的速度粗略地对文章的内容获得梗概；而查阅，即指以最快的速度从一篇文章中淘沙捡金，获取读者所需的材料或信息，包括查找人名、地名、事件发生的事件或地点等。首先快速浏览文章的前面几段，以便对文章的内容、背景、写作的风格以及作者的观点等有所了解，而对后面的一些段落可以只读每段的主题句。主题句一般位于句首、句末，也有少数插入段中。

第五，阅览所提问题，带着问题读文章。一般而言，作者根据自己的意图和思维模式，通过一定的语言手段，把分散的、细节的、具体的材料组织在一起，在训练或测试中，命题者往往采用多种方式进行提问，有直接的和间接的，但不管怎样，命题范围和思想基本与作者一致。阅读者首先要搞清楚问题的要求，带着问题和所需的信息去查询，以提高阅读速度。

（4）重视文化知识的内容。文化知识即一些文化背景，包括民族文化、风俗习惯、人物传记、社会经历、政治背景等。文化背景的积累方法可以有两种：①依靠教师在阅读前进行讲授；靠大量中、英文阅读积累，多读有关西方国家文化背景、风土人情的读物，特别是希腊、罗马文化故事；②可查阅有关工具书参考了解有关背景知识；积极主动进行课外阅读。阅读的文章应体裁多样，可以包括记叙文、说明文、议论文等。

语言是文化的载体和组成部分，也是文化的写照和表现形式，其产生、发展和变化过程受本民族文化的制约和影响，因而任何语言都带有所属文化系统的特征，包含着深刻的人文属性，体现着其民族的世界观和价值观。

二语习得研究发现，一种语言的习得和使用，不仅仅是语言结构本身的学习和使用，更离不开对这门语言所表现的文化内涵的了解，离不开对形成和使用这门语言的文化背景和底蕴的了解。在阅读过程中，文化背景知识的欠缺、跨文化意识的淡薄会直接影响到英语阅读的各个层面。可见学生对阅读理解的多少与深浅，很大程度上取决于他们对文章所涉及的文化背景知识掌握的多寡。在大学英语阅读课的教学中，适时而恰到好处地介绍文化背景知识，对文化差异现象进行对比分析和讲解，有助于学生更好地理解阅读材料，激发其阅读兴趣。大学英语的阅读材料涵盖了政治、历史、地理、人文、科学以及风俗民情等各方面的知识。这就要求学生不断扩大自己的知识面，平时阅读时自觉形成收集有关英语国家的文化信息并内化为自己的英语方面的能力。在英语阅读课的教学过程中，对阅读材料的背景知识进行恰当介绍，不但可以激发学生的阅读兴趣，也有助于学生正确理解、把握阅读材料，提高英语阅读课堂教、学的效率。另外通过播放视频向学生介绍英美等国家的背景知识，使学生吸取知识，提高能力，丰富学生的阅读知识视野。

（二）高校英语阅读课堂混合式教学

近年来，我国的经济和信息技术发展水平都取得了较好发展，给人们的生活带来了诸多有利影响。"当代大学生作为科技的主流应用人群，对网络的认知水平较高，在开展英语教学活动的过程中运用混合式教学模式，能够实现信息技术和教育的有效融合，为教师提供充足的备课时间，让学生获得更加丰富的知识内容，使教学效率得到提升。"[①]混合式教学模式在大学英语阅读课堂教学中的应用策略具体如下：

1.利用线上资源辅助英语预习

目前，各个学校都应该积极培养熟练掌握并合理运用英语的学生，使其从事与翻译、贸易等相关专业的工作。在当前的教育改革背景下，为适应社会的进步和发展，落实好对学生英语阅读能力的教学工作十分必要，特别是对于刚刚步入大学英语专业的学生而言，要采取有效的手段完成由高中到大学课堂授课方式、内容等方面的转换，拓展阅读范围，促进其英语学习能力的提升。为促进该目标的达成，不能仅仅以教材内容为基础，要合理运用先进的信息技术，通过线上线下混合式的教学模式开展英语教学活动，使学生得到更加充分的锻炼，实现能力的提升。

在当前的发展背景下，移动设备在教学过程中得到了越来越广泛的应用，将其应用在英语教学的过程中，对阅读教学活动的开展和教学质量的提升具有积极意义。很多移动设备上的应用程序可以帮助学生在课前、课后完成对知识的自主学习，提升教学的质量和效果。在实际应用中，教师可以将课程的主要内容制作成微课视频，并结合教学目标、学习任务单等一并上传至学习软件当中，让学生自主安排时间完成预习任务。此外，学生还可以将这一过程中遇到的问题在交流区与教师和其他同学讨论，以达到更好的学习效果。

2.通过合作交流进行课堂学习

在开展线下教学活动的过程中，教师要组织合作性的课堂活动，让学生对前期线上学习的内容进行探讨交流，并尝试应用，让其在这一过程中对相关的阅读知识有一个更加全

① 王璐.关于混合式教学模式在大学英语阅读教学中的应用分析 [J].海外英语，2021（5）：108.

面、深入的认知，实现其阅读能力的提升。此外，教师要在保证教学效果的前提下，尽量对讨论交流的方式进行丰富，在提高学生阅读水平的同时，充分锻炼其对知识的应用能力，实现英语素养的提升。在这一过程中，学生通过讨论和交流对文章内容有了更加深入的认识和了解，同时能够了解并借鉴其他同学的学习方法，对于其学习能力的提升有所帮助，为其后续学习打好了基础。此外，通过讨论和交流以及分享自己对未来的畅想，能够实现其语言表达能力的提升以及思维能力的锻炼，对其今后的发展具有积极意义。

3. 加强师生之间有效课堂互动

在当前的教育环境下十分注重学生的全面进步和发展，对此，教师在进行课堂教学的过程中要加强和学生之间的交流，一方面保证学生的课堂参与度、拉近师生间的距离，实现其对知识的深入理解、掌握和运用，也为日后教学活动的顺利开展打好基础；另一方面能够实现对学生语言表达能力的锻炼和提升。将混合式教学模式引入教学当中以后，教师不仅要重视和学生的线下互动，还要做好线上交流。对此，教师在授课的过程中要组织学生进行讨论，以所讲解的内容为基础设置几个趣味性的问题让学生讨论。在这一过程中，教师也要适时地参与并发表自己的见解和想法，对于学生存在的问题给予一定的指导，并根据学生的反馈，了解其对知识的掌握程度，进而对授课方式等做出调整，设计出更加优质的教学方案。此外，教师要鼓励学生大胆讲出自己在阅读过程中遇到的问题，并和其他同学探讨，得出合理的答案。

4. 运用教育软件深入英语练习

科学技术的不断进步为教学工作的开展提供了诸多便利，越来越多教育软件的出现，为教学和学习活动的完成带来了便利，教师可以选择优质的教育软件，让学生在课后完成对所学知识的深入学习，并进行有针对性的训练。该种复习和训练的过程更加轻松自由，学生更愿意接受，效果也更好。此外，教育软件也在不断地优化和创新，为学生完成知识的学习提供了有力保障。

学生运用线上软件完成对知识的复习和训练，打破了传统学习过程中时间、空间以及形式的局限，有助于其学习自主性的提升。在完成训练内容后，系统可以自动给出相应的成绩，教师根据多次成绩的记录以及整体的错题分析数据了解学生的学习效果，发现教学漏洞以及学生的薄弱环节，进而在课堂教学过程中进行针对性的训练，实现其阅读能力的提升。

5. 采取线上线下综合考核评价

在以往的英语教学过程中大都以最终的卷面成绩以及平时的出勤状况为参照给出最终评价，在运用混合式教学模式开展英语教学以后，可以对传统的考核和评价方式作出适当调整，使最终的评价结果更加科学合理。在该种教学模式下，可以将考核的方式分为线上、线下，以及平时和考试两种。线下的考试成绩占大部分，主要包括一些重点的词汇、阅读理解等，线上的考试主要结合系统给出的分析数据进行评分，平时考核主要是对学生的课堂表现作出评价。综合以上几点内容，可以使考评的结果更具全面性，借助线上平台，教师可以对学生的学习状况有一个更加科学、直观的了解，进而对教学的方式和内容作出合理调整，保证教学的效果。

综上所述，将混合式教学模式应用在大学英语阅读的课堂教学当中，能够使学生的阅读能力和英文素养得到显著提升。通过对信息设备的应用，能够使教学的形式更加丰富，充分调动学生的学习兴趣。运用混合式教学模式，可以实现学生阅读、交流等方面能力的提升，激发其求知欲望，保证英语阅读教学的效果。

二、高校英语写作课堂及混合式教学

（一）高校英语写作课堂的教学体系

1. 写作课堂教学的理论分析

（1）整体教学理论。"整体语言教学"始于20世纪80年代的美国，它强调语言的整体性，反对把语言肢解成音素、词素、词汇和语法学，强调口语和书面语言之间的互动性及内在联系。

整体教学中的"整体"，是指在教学中把语言看作是一个整体，而不是教师在课堂上讲解并让学生学习一些支离破碎的"技能"。"整体"教学就是用整体、联系的观点与方法来组织教学，其目的是让学生能够主动、有效、持久地学习，而不是教师在课堂上填充式地直接讲解，或让学生被动地重复课文中或教师讲解中已提出的信息。学生的写作技能和策略是在整体的、真实的语境中发展而来的，各种技能的培养必须渗透到整个课程计划中，这就是整体教学的实质。整体教学理论在英语写作课堂上的应用主要有以下方面：

1）整体教学。整体教学提出了整体统率局部的原则，采用从整体出发，从整体来教局部，教局部不忘整体的教学方法。教师应全面掌握《大学英语写作大纲》中对学生的全部要求，对毕业后学生在写作能力上达到的水平有一个整体的构想，并设计出每一年，每一学期，甚至每一节课在写作方面所要达到的目标。把握整体的过程就是语言输入的过程，目的是让学生初步理解所要学的知识内容，对所要学的知识有一个整体认识。写作技能的培训可以贯穿于英语教学的各个学科。以精读课为例：在读一篇文章讲解分析的同时，教师也要设计本节课结束后，在写作能力的培养上要达到怎样的效果，这样在课文的讲解中有意识强调作者的写作特点和优点，在潜移默化中进行点滴积累，最后达到提高写作的目的。

2）分散教学。语言的功能和形式依附内容而存在，语言教学从整体出发，教师应将写作所要求的各种技能融于平时的各个教学环节中，语言知识和技能应通过自然的语言环境加以培养，而不应人为地把语言知识和写作技能分开来独立进行培养。分散可以让学生在平时的渐进式学习和积累中掌握全部的写作技巧，在潜移默化中达到水到渠成的效果。

具体做法如下：

第一，分散到教材。教师可利用精读、泛读课堂加强学生对词汇的感悟，特别是同义词之间的差异。词汇是语言的建筑材料，我们写文章总离不开措辞，文章写得好坏与用词有密切关系。在写作时学生犯的通病是该用具体词的地方却用了抽象词。"具体"和"抽象"是相对而言的，教师在授课时应用一些精辟的例句让学生明白在写作中词的意义越具体，越能给读者鲜明印象的道理，并鼓励学生掌握足够的词汇量，这样词汇量大了，才能在写作中左右逢源，随时能用上所需要的词。

第二，分散到时事。语言与我们的生活息息相关，教师可利用当前的一些国内外时事来激发学生要用英语表达的欲望。部分学生可能都会用到 good, nice, happy 这类词，而且频率还会很高，但教师此时给出一些类似 wonderful, fantastic, marvelous, gorgeous 的词语时，学生自己就会感悟到每个不同词汇的使用都会给文章带来不同层次的韵味。教师还可以适当扩展，对所学知识由表层向深层发展，引导学生对时事做出评论，从而掌握议论文的写作格式和要领。

第三，分散到媒体。多媒体计算机和网络通信技术的发展为学生学习提供了理想的认知工具，能有效地促进学生的认知发展。多媒体系统的多种感官刺激更符合人类学习认识规律，体现了学生认识主体的地位，同时还考虑到学生个体差异，改变了传统的"黑板＋粉笔"的教学模式。教师可以因势利导，通过媒体让学生了解并掌握一些计算机和网络的术语，并学会电子邮件和函购信笺的写作格式。

第四，分散到学生。整体教学体现出以学生为主导的教学思想，它改变了"教师讲学生听"的被动灌输方式，给学生创造良好的氛围，让学生之间展开讨论，相互学习。学生之间相互检查所写的文章，检查出漏洞，再由学生进行讲解、分析、改错，这种学生与学生之间的学习要比学生向教师学更有深远意义。

总而言之，分散是把要学习的写作能力和技巧分散到每个学期、每一单元、每一节课，把要学习的知识重点和难点分散到各个单元，精讲多练，讲练结合，在每节课的点滴学习中收获写作的全部知识。

3）全面综合。分散讲解完每个知识点后，教师应让学生以归纳的方式及时总结重点内容，归纳写作技巧和各种写作格式，最终在学生的头脑中留下完整的知识，形成完整的印象。全面综合让学生对各个知识点的认识从模糊到清晰、完整，这是质的飞跃，同时也符合记忆的心理规律。这一阶段可以用三种方法：课文内容的整体再现；词汇句式的综合再现；语法知识的重点再现。以课文内容再现为主导，教师可采用播放录音、复述提纲、图标归纳等手段得以实现，目的在于全面总结，使各语言点、知识点变得系统化、条理化。

4）实际运用。运用是教学的最终目标，运用也是教学过程的最终体现。写作教学应该贯穿于各学科的始末，光学不练永远达不到预期目标。教师应在授课的一定阶段，结合所讲内容和这一阶段所提示的写作技能布置一些相应的写作练习，让学生在实践中得以巩固。教师可以指导学生写课文摘要或进行缩写、改写，以培养概括能力；给主题句和关键词要求联句成篇；或根据范例模仿作文；教师还可根据课文内容设计一些具有概括性的话题，让学生讨论，以培养交际能力。

（2）语言模因理论。模因论是基于达尔文进化论的观点解释文化进化规律的一种新理论。Meme（模因）一词是英国牛津大学著名动物学家道金斯在其著作 *The Selfish Gene*（《自私的基因》）一书中杜撰的，他将之定义为"文化传递的单位"。模因与基因很相似，基因通过遗传来繁衍，模因则通过模仿进行传播，所以，模因的核心是模仿。作为文化传播单位，模因的表现形式很多。任何能够通过模仿而复制的信息都可以称之为模因。从语言角度来看，学语言的过程就是语言模因复制、传播的过程，因为语言本身就是一种模因，任何字、词、段落乃至篇章只要通过模仿得到复制和传播都可以称之为模因。

语言模因作为复制因子，具有保留性、变异性和选择性，即每一个模因既是对以前模因的复制与继承，又会在复制和传播过程中产生一定的变异，在变异中获得发展。因此，任何创造性的语言使用都是在模仿的基础上进行的，先模仿而后创新，没有模仿和继承，就谈不上创造和创新。联系到写作，仿写是读写结合的最基本形式。通过仿写能便捷地获得写作理法，缩短学生探索直接经验的时间，加速语言从理解到运用的过渡。从模因论的角度探讨模仿写作教学，有利于我们掌握快捷有效的方法，在"模仿"的基础上进行英语写作创新。

1）语言模因论传播的方式。不管语言模因的形式和内容如何，其复制和传播方式基本上是重复与类推两种。

第一，重复—背诵。重复主要涉及对语言模因的直接套用，背诵是达到这一目的的直接手段。背诵作为传统教学模式一直被我国教育者所使用；但如今，越来越多的教师却不屑于使用背诵这一传统学习策略，特别是在大学阶段，他们忽略了语言是在不断复制和传播中得以生存的重要道理。事实上，背诵在写作教学中发挥着重要作用。背诵能够强化语言输入，加深学生对所学语法知识的理解，提高词汇、句型的记忆效果，增强语言知识的积累，从而使英语语言输出规范得体化。

第二，类推—仿写。类推是模因复制与传播的另一种方式，与写作教学结合在一起主要涉及同构类推。即保持原模因整体结构框架不变，替换其中某些内容从而出现新的模因变体或形成模因复合体的现象。在写作教学中类推其实就意味着仿写。仿写合理地运用了模因论"模仿"原则，是提高学生英语写作能力有效的训练方式。仿写常用的一种模因是表现型模因，即语言的形式嵌入不同信息内容而予以复制、传递的模因。仿写通常可以从两个层次进行训练：一是词句模因；二是段落篇章模因。

词句模因。词汇是写作的基础，因此，教师应鼓励学生通过模因模仿积累同义异词或通过上下义、反义等关系联想记忆词汇。同义异词可以有效避免行文的单调重复，从而提高文章的表达能力。另外，实用句型模因也是非常重要的仿写训练内容，它可以提高学生的句子写作水平。

段落篇章模因。段落篇章模因训练是模仿已知的段落或篇章结构，根据不同语境，变动原来的语言信息或其中的成分，表达出不同的内容。例如在理解了某个经典段落后，教师可以详细分析段落的结构，写作手法与技巧的运用，指导学生进行仿写。

2）模因论对写作教学的启示。

第一，背诵是语言模因的第一要素。背诵的目的在于充分熟悉大量目标语素材，强化语言输入，加强学生对词汇、句型的记忆和语法知识的理解，使英语语言输出规范得体。同时，教师应帮助学生准备一些包含相应模因的材料，使他们在背诵过程中能不断复制其语言要素，从而进一步组装并构成个人所需的语料。

第二，针对优秀范文进行分析和仿写。仿写指在写作过程中模仿其他个体的写作行为或既成的规范语句或文章进行学习性写作的训练方式，它是遵循模因论"模仿"原则来提高学生英语写作能力的有效方式。因此，教师要引导学生运用不同的表达方式来陈述自己的观点，首先要求教师分析范文的结构，向学生讲解各种写作的体裁及其语言特色，让他们了解语篇建构由语言、语境要素和写作交际目的等诸多因素构成；其次通过仿写训练，达到提高英语写作能力的目的。

第三，采用联想教学启发学生的多层次思维。在表现型语言模因中，可以让学生产生不同的意义联想，在复制传播过程中可能会出现变异，但意义变异仍是语言模因变异的一种重要方式。因此，引入联想启发法可以促使学生积极地思考问题，开发他们的想象力。

第四，同伴之间的互相模因。互相学习从某种意义上也是互相模因，学生作文的评改讲评就是一个非常好的学习机会。在学生第一次写稿完成后，根据教师的"自我纠错"要点先自己找错，再交到小组里轮流"传阅品评"，然后交给教师，最后环节是课堂讲评。课堂讲评主要是教师找出学生作文中典型的语言错误让他们集体改正及作文评比，被讲评文章要有目的性、针对性和代表性，要兼顾优秀、一般、较差，让学生进行比较，最终修改出好的文章，优秀的习作会放到班级论坛里供同学学习模因。所有活动自始至终都有学生的参与，是写作课的延续。

（3）错误分析理论。错误是语言学习过程中不可避免的现象。在语言学界，有关学习者错误的研究最先出现的是对比分析理论。该理论将目标语与本族语进行对比，认为学习者错误是由于本族语的干扰造成的，主张有错必纠。随着认知语言学的发展，对比分析的不足越来越明显了，其中最主要的问题是忽视了学习者在语言学习过程中的主观能动性和许多错误无法通过两种语言的对比来加以解释。

错误分析理论认为错误是语言发展过程中的必然产物，是学习者对新语言知识所做的一种假设和尝试，为教师提供了学习者的语言掌握情况，对二语习得有着积极的意义。错误分析理论改变了对语言学习者错误的传统看法，即错误是需要彻底根除的学习障碍，对第二语言的教学和研究产生了深远影响。

1）错误分析及其意义。在教学法中，错误分析法是教学法中常用的一种方法，主要是对于学生在学习中产生的错误进行集中总结和归纳。在英语写作教学中运用错误分析法，整理学生在写作中相对集中的错误点，通过对学生的学习过程分析，找到学生在学习过程中出现语言错误的原因，从而从根本上认识和纠正学生在学习过程中的偏差。通过对学生产生错误的分析，首先可以系统和全面地了解学生产生错误的原因，能够使我们在教学中更好地实现针对性的教学，提高学生的学习效果，减少学生在写作中的错误；其次，通过对错误的分析，可以查找和检验我们实际教学中出现的问题，从而改进教学方法，提高教学效果。

错误具有三方面的意义：第一，教师对学生的语言错误进行系统分析，可以知道学习者距目标有多远，还需要学习哪些内容；第二，学习者的错误能向研究人员提供证据，说明语言学习的方式和采用的策略或程序；第三，错误是学习者不可避免的，出错可以看成学习的手段，用于检验关于正在学习的语言规则的假设。

2）错误分析理论对写作教学的启示。

第一，改变了对学习者错误的看法。错误是由于本族语的干扰造成的，是二语学习的大敌，需要尽可能地避免和去除。错误分析理论认为，错误是语言学习中不可避免的现象，对二语学习有着积极意义。错误为教师提供了学习者的语言掌握情况，为研究者提供了语言是如何被习得的证据，是学习者发现语言规律所需运用的策略之一。二语习得者的错误其实是他们对目标语进行的尝试和假设，错误的改正就是假设被检验并修改。通过这种不断进行的假设检验，学习者就能逐步克服自身的不足，进而不断向目标语接近，这其实就是二语学习的过程。所以，教师应对学习者的错误有正确的认识，克服教学中的急躁情绪和焦虑心理，认识到错误不仅是语言学习中的正常现象而且有积极的意义。因此，对待错误应采取宽容的态度，并让学生充分认识，教师要鼓励学生多写多练，要勇于在写作中锻炼写长句和从句的能力。

第二，区分错误，采取不同的处理方法。对学习者错误的宽容并不意味着一概忽略，因为有些错误如果没有得到及时纠正，其形式就会固定下来并以潜在的方式存在于学习者语言中，在多次纠正之后仍然会重新出现，这就是石化现象。石化现象会严重阻碍学生英语水平的进步。因此，教师要重视学生的错误，在批阅时对错误进行分析和归类。对影响句子的单个成分而不影响文章整体的错误可不必过多关注，而对影响句子整体和文章全局的错误，密集程度高的和普遍发生的错误、由于缺乏对西方文化和英语语言特征的了解而产生的错误等则要有足够的重视。

教师在纠正学生错误时可采取多种形式，为学生提供尽可能多的发现和纠正错误的机会，如自我纠错、同伴纠错、小组纠错等，鼓励学生充分开动脑筋，积极主动地纠正错误，从而加深对错误的印象，避免以后再次出现。对密集程度高的和普遍发生的错误可以采取课堂集中讲解的方式，对个别学生的错误可课后单独向其指正。但要注意，无论采取何种方式，教师都不能挫伤学生学习英语的兴趣和伤害其自尊心。

第三，重视输出在语言学习中的作用。在语言学习中，听、读属于语言输入，说、写属于语言输出。我国的英语教学中普遍存在的重输入轻输出的模式不利于学习者的语言学习。很多学生能够读懂有一定难度的英语文章，但是写出的英语作文却满是拼写和语法错误，甚至让人不知所云，这就是英语教学中轻视语言输出的后果。学习者的错误表示他们对目标语进行的假设，在错误得到改正，即假设得到检验时，学习者才能认识到他们在语言学习中的缺陷，他们语言学习的内在认知才能被激活。而只有在语言输出中，学习者才能对假设进行检验，才能认识到学习者语言与目标语的差距，这种差距的弥补会使学习者语言不断完善并逐步接近目标语。所以，大学英语教学中应重视对学生英语语言输出能力，特别是写作能力的培养，并重视反馈的作用。通过对学生写作中的错误进行分析、归类和纠错，使学生发现不足并予以弥补。这样，学习者语言中的各个元素就会不断重组，不断接近目标语，这就是二语习得的过程。

2. 写作课堂教学的具体目标

大学阶段的英语写作教学目标分为三个等级，即基础目标、提高目标和发展目标。

（1）基础目标。基础目标是针对大多数非英语专业学生的英语学习基本需求确定的。具体包括：①能用英语描述个人经历、观感、情感和发生的事件等；②能写常见的应用文；③能就一般性话题或提纲以短文的形式展开简短的讨论、解释、说明等。语言结构基本完整，中心思想明确，用词较为恰当，语意连贯。能运用基本的写作技巧。

（2）提高目标。提高目标是针对入学时英语基础较好、英语需求较高的学生确定的。具体包括：①能用英语就一般性的主题表达个人观点；②能撰写所学专业论文的英文摘要和英语小论文；③能描述各种图表；④能用英语对未来所从事工作或岗位职能、业务、产品等进行简要的书面介绍。语言表达内容完整，观点明确，条理清楚，语句通顺。能较好地运用常用的书面表达与交流技巧。

（3）发展目标。发展目标是根据学校人才培养计划的特殊需要以及部分学有余力学生的多元需求确定的。具体包括：①能以书面英语形式比较自如地表达个人的观点；②能就广泛的社会、文化主题写出有一定思想深度的说明文和议论文，就专业话题撰写简短报告或论文，思想表达清楚，内容丰富，文章结构清晰，逻辑性较强；③能对从不同来源获得的信息进行归纳，写出大纲、总结或摘要，并重现其中的论述和理由；④能以适当的格式和文体撰写商务信函、简讯、备忘录等。能恰当地运用写作技巧。

3. 写作课堂教学的主要特点

大学阶段的英语学习主要包括听、说、读、写、译等技能的训练。其中，写作教学与其他技能的学习又有差异。主要体现在以下方面：

（1）写作课是一个输出和检验的过程。学生首先要有一定的信息输入——对体裁、内容都要有一定的了解，同时不论是课后还是课中，学生都应有一定的阅读量，积累了丰富的词汇、句型和语法，才能在写作课上游刃有余。换言之，写作课检验了学生平时的知识积累程度，检验了学生对语法的掌握和词汇的运用等。学生如果没有日常积累，就没有写作课上的灵活自如。

（2）写作课对教师的要求高。写作课是输出和检验的过程。它不仅检验了学生的知识积累，同时也在检验着教师的积累和准备工作。首先，写作课教学要求教师充分准备素材，要让学生有所想，有所写，教师要启发学生思考。如针对题材的思考，针对体裁的思考，以及针对范文和遣词造句的思考等，都需要教师的启发和教导。其次，写作课要求教师具有比较广博的知识。因为写作的内容涉及多个方面，教师除了要有较高的外语水平，还要对相关内容有所了解。这样才能言之有物。最后，教师在课后要有耐心和责任心。学生写作的水平需要教师的指正才能有所提高，因此课后教师的任务更重。阅读每一个学生的作文，然后给出适当的评语。

（3）写作课是循序渐进的过程。写作是一个复杂、循环、创造的过程，是一个不断发掘的过程。它要求写作者进行丰富的联想，发现题材并将之组织成文。要想提高写作水平并不是短时间能够做到的。许多学生平时能够阅读很复杂的文章，但却写不出完整的句子。有些学生错误地认为临考前背几篇范文就能在写作方面得高分。要解决根本问题，切实提高自身的写作水平，还需要多阅读、多分析，反复练笔。因为，写作的过程并不是简单地记录所看到或所读到的内容，而是用另一种语言表达自己思想的过程，其中涉及遣词造句、文章架构以及段落的衔接等方面的问题。

4. 写作课堂教学的提升策略

（1）英语写作过程的教学策略。写作过程是一个复杂的过程，它不仅需要学生具有坚实的语言基本功，包括拼写、词汇、句法等，也要学生善于安排篇章结构，充分挖掘内容深度。一直以来，写作都是语言学习过程中最重要的一个环节，也是教学中最为薄弱的一个环节。

1）写作过程的教学指导。写作过程主要分三个阶段：写前准备、写作过程、定稿修改。准备阶段的教学目标是让学生在教师的指导下全面分析、掌握材料，形成写作提纲和"腹稿"。写作过程是学生根据要求完成写作的全过程。定稿修改是通过师生的信息互动，学生将作文修改完善。在整个写作过程中，始终注意突出学生是学习的主体这一根本指导思想，注意调动学生写作的积极性，充分发挥他们互相帮助、共同提高的协作精神。如果将这三个阶段进一步细化，可分为审题立意、列出提纲、确定主题句、组织扩展句、撰写结论句和精修细正这六个步骤。

第一，审题立意。审题是写好一篇文章的第一个且是最重要的环节。文章是否切题就看学生是否认真审题，是否能明白题材的写作要求。英语专业写作都会给出提示语，甚至是作文题目，学生必须围绕所给提示语或题目展开论述。因此，审题并理解题旨很有必要。学生在拿到作文题目之后，先要仔细阅读题目，认真审阅写作部分提供的说明与要求，再确定相应的体裁，如议论文、说明文。议论文主要就观点进行辩论等；说明文主要是阐述主题或提出解决问题的方案等。教师可以对学生进行提问，了解他们的审题情况。通过审题，学生明确文章的中心内容，从而达到审题立意。

第二，列出提纲。在确定中心思想之后，学生需拟出提纲。提纲是文章写作的计划，也是一篇文章的基本框架。提纲可根据文章的结构列出。文章是由引言段、正文部分和结论段三部分组成。引言段揭示主题，正文部分从不同的角度对主题进行阐述，结论段对全文归纳总结。

第三，确定主题句。主题句是表达全文主题的句子，它概括了全文的大意，全文的其他文字都应围绕它展开。因此，主题句一般放在文章的开头，其特点是摆出问题，然后加以详细说明。这样，读者便能一眼就明了全文的大意。主题句具有较强的概括性，它概括了全文的中心思想，反映了作者写作意图，它是全文的核心所在，作者思维的起点，扣题的准绳，阐述的对象，也是读者叩开阅读理解之门的钥匙，它对确保文章主题突出，有着重要作用。教师可以通过学生的主题句得知其对文章主题的把握情况，从而判定其写作前的准备工作是否充分。因此在英语写作过程中，我们应充分重视主题句，将主题思想准确而明了地表达出来。

第四，组织扩展句。扩展句是用来解释和支持主题句的句子。确定主题句之后，学生可以根据所列提纲，围绕主题进行发挥，收集与主题句密切相关的写作材料，为主题句服务，详细说明并支持主题句的思想。教师可检查学生有关主题的扩展，将任何与主题句无关的繁杂内容都舍弃。选择的材料最好来自我们的日常生活，因为它们真实且具说服力，学生也相对熟悉，易于把握。在组织扩展句的过程中，注意句子之间必须用连词或关系词来连接，段与段之间要用过渡词，以体现文章的逻辑性，它们是连接句与句或段与段之间的纽带，在行文中起承上启下的作用。同时，学生也要注意整个篇章的层次性，将最重要的先写，然后逐级递减。这样可以使文章自然、流畅，重点突出。

第五，撰写结论句。最后一部分由结论句构成。结论句通常与主题句一样包含全文的中心思想，它总结了全文，深化了主题，但所用的措辞与主题句不同，它是换一种说法，变换措辞。学生可简明扼要地总结前面所写内容，重申主题，使文章结尾与开头相互照应。结尾部分能加深读者对整篇文章的理解，给读者留下更为深刻的印象。

第六，精修细正。文章写完后，再认真通读一遍，修改明显的拼写错误，以及一些语法错误，如时态、语态等。修改环节很重要，如果行文错误太多，会影响到写作成绩的评定。所以，学生不要写自己不明确或不会拼写的词，以确保句子的正确性，尽量避免语法结构错误。当然，不可能避免所有错误，所以尽量细心检查一遍也是非常必要的。这一过程虽不能针对立题、结构、修辞等方面进行全方位考虑，但对个别词汇、语法、拼写错误稍加改动也很有意义。在"过程法"教学中，教师往往不是学生作文的唯一回应者和评估人，作者的同学也参与其中。除学生自己修改外，还可以进行学生之间的互改互评。然后教师再进行批改、讲评。讲评的重点放在文章的结构与内容上。

2）写作过程中的教学技巧。过程教学法强调教师对写作过程的指导。由于指导的重点放在写作过程上，这将有利于学生了解自己的写作过程，并懂得写一篇文章必须经历的几个步骤，如写作前准备、起草、初稿、修改或重写等，这有助于他们写作能力的提高。但写作水平的提高也有赖于学生对语言形式与写作技巧的掌握。写作与其他语言技能是一个整体，它的提高与其他语言技能的提高是一个相辅相成的关系。所以在一定程度上，不可否认成果教学法的可取之处。最近，西方写作教学研究出现了一种"回归结果"的倾向。因此，在写作教学过程中，教师对学生的语言知识、写作技能培养同样不可忽视。

第一，遣词造句指导学生的表达与书写具体落脚在指导遣词造句上。其实，写作部分重点考查学生的英语专业表达能力，而阅卷人员也较重视语言。写作技能也包括了语言运用的准确性，也就是使用恰当、地道的词语以及正确的语法、拼写、标点等。学生最常犯的语言错误就是拼写与语法。语法的错误包括时态、主谓一致、名词单复数等。因此，学生应把主要精力放在语言上，尽量避免拼写、语法等错误。除做到语言最基础的基本功外，还需重视词汇、句型等方面。

词汇根据不同的语境或上下文，学生需选择恰当的词语。在写作的时候，首先必须保证选词的正确性，然后根据所需表达的具体含义，选择最为恰当的单词。由于英语专业不像汉语那样喜欢重复，所以在考虑相同的意思时，同一词语在一篇文章中最好不要重复出现，而应考虑使用其他同义词或近义词替换，可以选择一些具有一定难度的单词进行替代。因为恰当地使用高难词汇有助于提高写作层次。

句型在写作中，除了词汇可以丰富多彩外，还可以使用不同的句型结构。在英语写作中，有很多的特殊句型都可以运用在写作中，成为文章的闪光点。例如，让学生多使用典型句式，适当运用成语和暗语，恰当使用一些平行、对比结构。

第二，结构衔接在写作过程中，要使句子或段落之间的衔接紧密，需用一些关联词来连接，这样才能使文章自然、流畅。关联词可以连接段落或句子。段落是文章中最基本的单位，它表明了全文的结构层次。写作时一定要段落清楚，有开头、主体和结论三部分，故全文需分段撰写。而句子又是构成段落的基本单位。如何将它们有机地组合起来，这就需要使用过渡性的词语。根据关联词表示的逻辑关系不同选择关联词。

（2）英语写作教学的改革策略。随着社交网络、电子游戏等互联网应用的日益普及，人类社会已经进入一个全新时代。采取有效措施和手段，积极推进大学英语教学改革势在必行。

1）教学观念的更新与转变。语用性语言能力分为听、说、读、写四大板块，听读属于输入能力，说写属于输出能力，而传统的教学方法更注重输入，即听读能力。由此可见，这种模式下培养出来的学生说写能力非常欠缺，让他们开口说英语是一件很困难的事，也就是人们所说的"哑巴英语"。为了改变这种现状，大学英语教师也做了很多的尝试和努力，但情况并不是让人满意。原因可以归结为两个方面：第一，非英语环境。在汉语的环境里，学生没有说英语的语境；第二，传统的教学模式和理念导致输入大于输出。教师也可在课堂上多创造让学生说的机会，例如安排一些情景剧，举行一些英文歌唱比赛等。总而言之，教师要鼓励学生先开口说，刚开始不必纠正学生说时所犯的语法语音错误，因为对学生而言，能够开口说就是一大挑战。

2）构建真实的语言教学环境。作为大学英语教师，我们应该引进现代技术手段，改革英语教学模式。现代化的教学手段，可以吸引学生的注意力，能够提高教师的课堂教学效率。现代化的教学手段有很多种，如录像、录音、电视、电影、网络以及多媒体课件等。大学英语教师课堂上应该有效地利用这些现代化的教学手段，从而改变传统的一支粉笔、一张黑板的教学工具。同时为了师生更好的交流，还可以设立师生互动平台，提前为学生提供英语课文背景知识及英美文化介绍，等等。

3）创建大学英语教师队伍。近年来很多高校都进行了大学英语教学改革，随之而来的就是教师的教学任务不断加重、师资力量短缺。同时出现的问题是现有的大学英语教师的学历也不能满足和适应现有的教学任务，教师的创新能力低，科研成果少。部分学校都有本科教师教本科学生的情况，面对这种情况，教师自己本身要有压力感，努力提高自己的专业水平和素养，同时各高校要有一个提高教师学历的整体规划，加大财力物力的投入，支持和鼓励教师外出学习和培训。同时还可以采取在岗轮流培训的制度，培养大学英语教师成为自主学习型教师。

（二）高校英语写作课堂混合式教学

在高校英语写作课堂中，全人教育理念是非常重要的，全人教育理念提出教育应培养完整的人，即躯体、心智、情感、精神、心灵力量融为一体的人。教育不仅应授人以新知识、新技能，还应发展人的智能、情感和综合素质，充分发现并发展人的潜在可能，尤其使人在精神、情感等方面得到健全和发展。全人教育旨在培养具备广博知识和完整人格的人，充分重视人发展的潜在可能和全面素质的培育。

大学英语课程应在全人教育理念的指导下，成为促进学生的全面发展、推进英语学科从重功利向人文性与工具性并重的取向转型的一个重要平台。英语写作作为大学英语教学中的一个重要组成部分，综合体现学生英语语言应用能力以及思辨能力、创造力、价值观等综合人文素养。全人教育理念下高校英语写作课堂混合式教学步骤如下：

1. 高校英语写作课堂混合式教学设计

融入全人教育理念的大学英语写作混合式教学实践包括写前准备、写中和写后反馈三个环节，分别在线下、线上交替进行，互相推进，构成一个写作教学的完整过程。

（1）写前准备环节。写前准备环节是一个进行体裁理解、语言和技能准备的环节，主要在线下展开，旨在进行写前的语言输入和技能准备，分析素材，确立和讨论写作任务主题。

（2）写中环节。学生在线上自动评阅平台开展写作。学生根据写作主题要求，拟订自己的写作框架，完成至少两次写作稿的线上提交。初稿提交后，评阅系统会依据任务发布时设定的相关标准对之进行自动评价，学生据此对自己的写作进行自我勘误和修缮，然后再次提交。此外，学生还需在自动评阅平台上对其他作者提交的稿件给出自己的评阅意见。

（3）写后反馈环节。写后反馈环节的主要任务是对学生的写作给予评价，可在线上线下两个渠道进行。在学生的写中环节，教师可登录评阅平台查看学生的任务完成情况，对学生在班级统一的社交平台上提出的写作任务相关问题给予反馈。在线写作任务结束后，教师根据系统的评阅结果分析学生的写作情况，选取学生作业中的共性问题以及一些个性化但值得关注的问题，在线下进行集中讨论。

2. 高校英语写作课堂混合式教学重点

思辨是一种带有目的性的对产生知识的过程、理论、方法、背景、证据与评价知识的标准等正确与否，做出自我调节性判断的思维过程。思辨能力体现为对事物进行评价、辨别、反思、质疑和分析的能力。在传统的大学英语教学，尤其是写作教学中，教师过分强调语言知识技能的运用，学生英语写作思辨缺席的现象较为普遍，其中，论说文写作的问题最为明显，主要表现为逻辑不严密、作文内容缺乏深度和广度。此外，母语写作思维的负迁移效应明显，这在一定程度上说明学生对英汉语篇构建思维方面的差异缺乏认识。写作只是大学英语的一个部分，并没有开设为专门的课程，且随着教学改革的深入，大学英语课时大幅减少，用于写作教学的课时数非常有限。基于这样的现实，教师可以采用以读促写、以写促思的策略。

在写前阶段辅以阅读教学，教师可以单元主题阅读为铺垫，进行写前的语言输入和技能准备。主题的选择兼具现实性和争议性，如"Human rights vs. Animal rights"。该话题贴近现实生活，同时是一个有争议的话题。首先，教师通过设计一系列问题，促使学生对材料进行批判性的阅读，把握文章的大意、作者的观点、情感态度。之后，学生总结文章体裁特点，分析文章结构框架、各部分的逻辑关系，理清作者的写作思路。在这个基础上，师生共同讨论、制订自评与互评的评分表，引导学生思考以下问题：作者的观点是否在文章标题中清晰地体现？支持它的论据有哪些？用了哪些方法进行论证？是否符合逻辑？句子之间、段落之间是否使用了自然、合理的过渡和衔接？结论部分是否清晰概述了作者的观点？这些评价要素的权重应如何合理分配？评分表的制订是学生对该体裁语篇结构和特点的认知过程，也是一个分析、推理、综合、评价等思辨思维的训练过程。学生以此评分标准匡正自己的写作，并对同伴的作文进行评价，也是在强化认知和能力，复盘这个过程中的思维演进。

在写后评价环节，当前常用的线上自动评阅系统已能较好地在语言层面对作文进行评改，减轻了教师的评阅负担，使得教师可以专注于在作文的内容、逻辑性方面给出更具有针对性、个性化的反馈意见。

（1）过程性写作发展学生的学习自主性和主体性。在以教师为主导的传统讲授式课堂上，学生是被动的倾听者，而在交际式课堂上，学生可能因知识准备不足而难以进行有效的当堂讨论。混合式教学打破了传统课堂时间和空间的限制，使学生有更多时间和自主性来实践写作活动。在写前准备阶段，教师可以选取网易课堂、慕课等线上与任务主题相关的资源，或自制教学微课，在线下课前经社交平台发布给学生，给予学生一定时间进行课前自主学习，减轻学生在课堂中的焦虑感和挫折感，使学生有更多的兴趣和信心参与小组讨论和课堂展示。在写作过程中，学生自行收集并消化资料素材，或通过与同学交流，形成自己的观点，拟订框架，作出写作决策。

一方面，同伴互评促使学生建立起双向互动的合作性对话，实现了沟通和协商；另一方面，学生以学习者、读者、评阅者的角色加入互评活动，同伴间的平等关系使学生更敢于质疑、更积极主动地对同伴评阅做出回应，而以读者的角度审视自己作文的优缺点，可培养学生自发修正自己写作的习惯和能力。在师评环节，教师主要致力于总结学生作文中的共性问题和差异性问题，并给予学生个性化的指导意见。在整个教学过程中，教师始终处于学习活动组织者、推进者、帮助者的位置，而学生则自主管理和调节着自己写前、写中和写后这一系列学习活动。学生的主体角色得到凸显和尊重，情感需求得到满足，主观能动性得到加强，从而更积极、主动地学习，激发出更多潜能。

（2）合作学习促进学生的情感建构。认知和情感是密不可分、浑然一体的。从全人的本质来看，教育应注重人的内在，如智力、情感、想象力、创造力、同情心、好奇心、审美和精神潜能等。教育不仅要传递知识和训练技能，更要关注人的内在情感与人格的全面培养。写作过程既是一个认知过程，也是一个情感过程，伴随着一定的情感活动。在英语写作教学中，要想启动学生的心理安全系统，使其走上创造之路，进而能够在学习中安全、自由地表达自己，获得学习实践的最大成就，需要构建四人小组的教学单位和组织形式，来实现这个最大成就的"安全岛"。

在写前和写后环节，"安全岛"给学生的讨论创造出一个可以自由发表观点和态度的空间。每个成员对小组都有具体的责任和义务，即给出自己对论题的态度和观点，各成员间的交流使各自原有的观点得以补充或触发新的感悟，最终达成一个得到所有成员支持的结果。这样的实践在全班集中讨论这个层面重复时，其结果就是个体的表达最终被接纳并融入集体的表达。这种情感需求的满足在评阅环节也得以实现。教师应引导学生重视积极、肯定地反馈信息的传达，善于发现并积极肯定同伴作文中的闪光点，对学生在评价中可能产生的一些消极情绪进行疏导，营造良好的反馈氛围。这个共同讨论制订、调整评价方案并将其付诸实施的过程，给学生提供了一个自由表达、互相支持、质疑、反思的空间，有助于培养学生自信、开放的情感特质。

学生用英语进行写作，是以自己的语言水平和认知水平为前提，经过积极主动思考，表达对相关主题的看法，虽然这些看法可能会不全面甚至片面，或简单、缺乏新意，但这些思考的过程和表达的过程，也是情感、态度和意志发生、发展构建的过程。

全人教育理念注重知识、能力和素质的协调发展，对大学外语教育的指导意义在于淡化其教育目标中的功利性取向，强化其人文性取向，关注学生的个体需求，强调思想、人格、情感并重的培养目标，使学生朝着全人的方向发展。在大学英语写作教学中，教师可以借助现代信息技术，以任务为依托，采用混合式教学模式，积极融入全人教育理念。

第三节 高校英语混合式教学的多元评价体系

混合式教学模式是结合传统教学与线上教学优势的"线上＋线下"混合式教学组织形式，在实施期间取得显著教学成果。大学英语混合式教学评价体系的建设策略具体如下：

一、评价主体的多元化

传统教学模式中，教师占据主导地位，负责引导学生由浅至深地开展阶段性教学工作，以教师作为评价主体，考虑问题的角度较为单一。而在混合式教学模式中，随着教学组织形式的改变，学生在线上教学活动中占据着主导地位，采取小组合作和自主学习方式来输入知识，教师参与程度有所降低，如果仍旧以教师作为单一的教学评价主体，很难做到对教学质量的全面性、立体化评价。因此，在大学英语混合式教学模式推广、实施的背景下，对新一代教学评价体系的建设，就在于推动评价主体多元化发展，将学生、教师与系统作为评价主体。

（一）学生的评价

"在线上教学活动中，以学生作为教学评价主体，由学生通过问卷调查、课堂打分、预习内容检验、学生自评、小组互评等方式，对学习成果与教学内容进行评价打分，由学生根据自身实际情况来总结、反馈学习活动中存在的问题与自身能力短板，再由教师根据评价结果来调整本阶段教学计划、制订下一阶段教学计划。"[①] 例如，在线上教学课堂中，学生以小组为单位，参与相互撰写英文推荐信、设计与表演英文戏剧、英文推介我国名著作品等活动，将各小组成果在线上教学平台上进行展示互评，由各小组相互对活动作品加以评价打分，并在小组内部对成员表现进行评价打分，以此来帮助学生发现和解决自身存在的问题与能力短板，解决教师难以实时跟踪各小组项目进展的问题，获得可观、全面的评价结果。

（二）教师的评价

从教学评价角度来看，虽然在部分教学活动中，受时间与空间的限制，教师难以做到对全体学生的学习过程、项目完成情况的全面掌握，但教师具有丰富的教学经验，可以透过表象发现本质问题，掌握问题客观发生规律。因此，无论是传统教学评价体系还是新一代教学评价体系，都需要以教师作为评价主体，将学生课堂学习态度、作业完成度、各阶段测试成绩与期末考试成绩、学生在英语交际和写作等方面的能力等作为评价指标。如此，根据教学评价结果，教师既可以发现以往教学工作中的欠缺和问题，采取调整教学策略方针和教学内容难度等改进措施，同时，还可以将学生划分为若干类别，对各类别学生制订差异性的教学方案，以针对性培育学生能力短板和极限发挥学习能力为教学策略，做到因材施教。

（三）系统的评价

无论是学生自评、小组互评还是教师评价，教学评价结果都将受到人为主观因素影响，很难满足混合式教学模式对教学评价客观性的要求，从而引发低效评价等问题出现。对此，高校还应充分运用信息技术，建立信息化教学评价系统，以系统作为全新的教学评价主体，系统基于程序运行准则和预先导入的评价标准，在无人工干预条件下，根据系统运行期间掌握的学生考勤率、学习时长、知识输入和内化等信息资料，从定量分析、定性分析两个维度对教学成果与学生个体能力进行评价打分。与其他评价主体相比，新系统评价有着客观公正、可高效处理远超教师与学生个人能力极限的海量数据、深度剖析问题本质的优势。同时，还可以辅助教师完成一部分基础性的教学与评价工作。例如，当学生在线上教学系统进行自主学习时，使用系统功能，基于专家知识库，由系统自动对学生的自习成果进行评价打分，指出词汇、语法错误等问题，提供评价批改意见，以及根据学生能力评价来生成测试题目，帮助学生提升能力短板。

现阶段，部分高校选择基于微信、钉钉等平台建立混合式英语教学评价系统，系统具备课堂评价、学习过程评价、出勤率与考试成绩自动统计等使用功能，系统自动完成定量分析工作，统计各教学阶段的学生学习状态、成绩变化曲线与总体教学水平，帮助教师直观了解教学问题。例如，由教学评价系统自动对随堂考试、阶段考试、实践活动和期末考

---

① 冷虹燕.大学英语混合式教学评价体系研究［J］.现代英语，2021（19）：16.

试成绩进行统计，从中找出平均整体、学生个人成绩变化幅度最大的教学部分，帮助教师深入分析教学成绩提升与下滑问题的主要成因，从教学经历中提炼教学经验和发现问题，对教学策略、教学思路与各部分教学内容侧重点加以调整，在其基础上制订下一阶段的教学计划。

二、评价方式的多元化

（一）形成性评价和终结性评价

目前来看，部分高校在英语科目评价体系中同步采取形成性评价与终结性评价方式，评价结果分别占学生总成绩的50%左右。其中，形成性评价是以学生出勤率、随堂测试成绩、作业完成情况、课堂表现等为评价指标，对各项指标均采取系统计分的评价方式，用于客观反映学生学习效果，主要的评价方式包括教师统计学生课堂活动参与情况和小组任务完成度、平台系统记录学生学习时长与活动任务完成时间、评价主题性朗读等课堂活动中的学生表现。这种评价方式将引导学生树立自主学习意识、激发学习兴趣，为教学评价工作和帮助学生设计个人学习规划为最终目标。而终结性评价则是以学生的期末考试成绩作为主要评价指标，由大学英语教研室统一编制考试卷，学生在规定的时间内输入答案，试卷内容由主观题、客观题两部分组成，用于评价本学期教学成果、学生对所学知识的掌握程度，评价结果也将成为制订下一学期大学英语教学策略的主要依据。此外，考虑到学生完成知识的内化需要一定的时间，因此，部分教师还应将形成性评价方式拆分为即时评价、延时评价两部分。即时评价是在线下课堂教学与线上教学活动中，直接对学生的课堂任务完成情况、课堂表现及自主学习情况加以评价打分，指出学生存在的问题。延时评价是通过布置命题作文写作等课后作业，在教学活动结束一段时间后，了解学生的知识掌握情况，给学生预留反思和内化的时间。

（二）常规教学评价和实践教学评价

常规教学评价体系以考试成绩、学生课堂表现情况等作为主要评价指标，虽然可以真实反映学生的学习进度、口语表达与写作能力，但评价范围有限，不利于引导教师深层次挖掘学生潜力。MI多元智能理论认为，人类思维及认识方式是多元存在的，主张采取个性化教学评价方法。因此，基于MI多元智能理论，在全面推广大学英语混合式教学模式的背景下，高校应同步采取常规教学评价与实践教学评价相结合的评价方式。常规教学评价是以学生考试成绩、课堂表现、课内知识掌握情况等作为评价指标，用于反映大学英语教学质量。而实践教学评价则是以学生课外知识与技能掌握情况、综合类实践活动中的表现、思维反应与创新能力、口语实践表达能力、实践类比赛名次、学习时长等作为评价指标，旨在评价学生的综合能力，肯定学生积极自主的学习态度，由教师引导学生掌握适应自身情况的正确学习方法。

（三）线上评价和线下评价

混合式教学模式同时采取线上与线下两种教学组织形式，而传统教学评价体系侧重于线下评价，线上评价部分内容缺失，难以客观、全面地反映线上教学质量。因此，需要在教学评价体系中采取线上、线下同步评价方式。其中，线上评价是依托学生 U 校园、钉钉 APP 等平台系统，开设教师测评、学生测评、单元教学测评等模块，以学生、教师和系统为评价主体，以单元测试成绩、在线学习时间、小组或个人投票等为评价指标，对教学质量、学生总体能力与口语表达等单方面能力进行评价打分，并增加教师与学生线上互评功能。而线下评价则采取目标考核方式，以预先设定的大学英语教学目标为依据，以考试成绩、教学进度、课堂表现、学生学习状态、学生满意度评价等作为评价指标，论证分析大学英语教学目标的达成情况，总结问题和不足，并采取改进措施。

另外，建立大学英语混合式教学评价体系的初衷，帮助教师更为直观、准确地掌握教学实际情况，认识到自身在以往教学工作中存在的问题与不足，并加以改正。因此，教师团队自身评价素养高低与否，将直接影响到评价效果，同时也将间接影响教学质量，所以其重要性不言而喻。为帮助教师认识到自身教学工作的不足，高校应加大对英语教师的评价知识及技能的培训力度，以主要评价指标、促学评价方法、形成性评价理论、相关理论知识等作为主要评价内容，不定期举办培训讲座等各类活动，并建立配套考核评价机制，对教师培训成果加以评价考核，以考核结果为制订下一阶段培训计划的主要依据，旨在使大学英语教师具备较高的评价素养。

综上所述，为进一步提高大学英语教学质量，充分发挥混合式教学模式的优势作用，客观评价教学质量，发现问题与不足，各高校应根据混合式教学模式特征，推动传统教学评价体系的创新发展，从评价主体多元化、评价方式多元化两个方面着手，及早建立起现代化的大学英语教学评价体系。

第三章 大数据时代信息技术与高校英语教学融合

第一节 信息技术与高校英语教学融合重点

现代信息技术与英语教学的融合是英语教育教学改革的制高点、突破口。

首先，要在以多媒体和网络为基础的信息化环境中实施英语教学活动，指学与教活动要在信息化环境中进行，包括多媒体计算机、多媒体课堂网络、校园网络和互联网络等。学与教的活动包括在网上实施讲授、讨论学习、协商学习、虚拟实验、创作实践等环节。

其次，对课程教学内容进行信息化处理，使之成为学习者的学习资源，即教师开发和学生创作，把课程学习内容转化为信息化的学习资源，并提供给学习者共享，而不仅是教师用于演示，还可以把课程内容编制成电子文稿、多媒体课件、网络课程等，教师用于进行讲授或作为学生学习的资源。充分利用全球性的、可共享的信息化资源作为课程教学的素材资源，如数字处理的视频资料、图像资料、文本资料等作为教师开发或学习创作的素材，融合到课程内容相关的电子文稿、课件中，融合到学习者的课程学习中，还可利用共享的信息化资源与课程内容融合在一起，直接作为学习对象，供学生评议、分析、讨论。

最后，利用信息加工工具，让学生知识重构，利用文字处理、图像处理、信息集成的数字化工具，对课程知识内容进行重组、创作，使信息技术与课程融合不仅向学生传授知识，让学生获得知识，而且使学生进行知识重构和创造。

一、信息技术与高校英语教学融合的前提

融合需要结合英语学科特点和学生的心理特点。要更好地完成上述目标，在融合过程中，前提是切实结合英语学科的特点和学生的生理、心理特点，要依据英语学科特点和学生生理、心理特点剪裁和组合信息技术，安排课堂内容结构、运用教学策略和设计活动等。

首先，英语教学的学习是学生通过英语学习和实践活动，逐步掌握英语知识和技能，提高语言实际运用能力的过程。其中，听、说、读、写是一个有机整体。在课堂中，应该

改变传统过分重视语法和词汇知识讲解的做法，采用任务驱动的途径，把听、说、读、写和译的各种技能结合起来，并将它们统一在具体的问题和任务中，让学生"在做中学，在做中用"。另外，根据英语学习认知过程分析，设计课堂教学的各个环节、步骤和活动。利用信息技术激发学生兴趣，用任务调动学生探究的热情，用个性化的学习让学生独立思考，用协作学习让学生进行交流、运用和建构。还要根据学生爱说、爱动，善于模仿，记忆力强，有强烈的竞争意识和表现欲，喜欢尝试把学到的语言材料随时进行对话、叙述和表演的特点，设计开展丰富多彩的课堂交际活动，便于学生边学边练，学用结合，使所学语言材料能够在运用中获得巩固和提高。

二、信息技术与高校英语教学融合的条件

（一）语言学习环境自然与真实

信息技术能够创设自然而真实的语言学习环境。集成性是多媒体技术的关键特性之一，可以将文字、声音、图形、动态图像有机地集成在一起，并把结果综合地表现出来。与课本、录音带等教学媒体相比，多媒体计算机能够提供更为真实、更接近自然的语言输入，提供情景性更强、更生动活泼的语言教学，从而激发学生的兴趣和学习动机。再加上多媒体技术与网络结合，不仅可以提供来源和表现形式多样化的英语输入量，还为学习者创造丰富、自然的目标语环境，让他们在真实的环境中学习和接受挑战性的学习任务，促进学习形态由低投入（被动型）转向高投入（主动型）。对于学习者发现语言规律，建构自己的语言系统非常重要。

（二）有利于自主学习的丰富资源

多媒体与网络能够提供丰富的教学资源，引导学生自主学习。借助多媒体计算机和网络的海量存储，每个学生都会很容易得到比以前任何时候都多的信息，还有各种英语学习网站，如新东方网络课堂、洪恩英语网等。各种新型教学资源补充、扩展传统的教学资源，使学生获得更多的学习机会。不仅如此，很多计算机软件能够提供友好的交互界面，针对语音、听力、词汇、阅读、写作等语言技能提供练习任务，并给予相应的反馈和指导。通过人机对话方式，学生可以自主地探究学习，一方面扩大课堂的信息容量，增大训练的广度、密度和深度；另一方面有利于因材施教和个别化教学，更有利于培养学生的学习兴趣，以使其找到获取知识的最佳途径，获得最佳的学习效果。这是传统的课堂教学所不能比拟的。

（三）更好地体现素质教育

计算机和网络使素质教育在英语教学中得到更好的贯彻和体现。在计算机和网络所创设的真实、自然的语言学习环境中，学生不仅满足了个人兴趣，在生动活泼的氛围中感受和体验到特定的语境和标准的语音、语调，从而更好地把握所学内容，还陶冶了情操，开阔了视野，了解外国的风土人情和文化，进而提高跨文化交际能力。另外，在和同伴直接

交流中，可以发挥创造思维能力和合作能力，让他们充分学以致用，解决实际问题。英语学习是多种感官的协同学习，掌握一门语言必然是听、说、读、写和译能力的综合掌握，计算机和网络不仅可以兼顾这些方面，还可以达到比传统教学手段更高的效果，从而全面提高其素质。

（四）建立新型教学结构与方式

融合是要建立一种新型的教学结构，在融合中不仅是把信息技术作为辅助教或辅助学的工具，还是强调利用信息技术营造一种理想的教学环境，通过教师—学生—信息技术—教学资源有机融合和持续互动，建立教师主导—学生主体的新型教学结构，以实现一种能够充分体现学生主体地位的"自主、探究、合作"为特征的新型学习方式，切实促进英语教学改革。

通过新的师生关系、新的生生关系和新的学习工具，为学生创造大量的学习、实践、思考机会，让学生发现和利用当前的信息和资源（包括师生、生生、生机之间的互动交流获得），并将所学知识和技能解决在较为复杂和真实的情景中的"开口"和"对话"，让学生实质性地参与教学过程，真正做到"为用而学，在用中学，学了就用"。

三、信息技术与高校英语教学融合的目标

融合的目标是促进英语学科的教学质量，促进英语学科教学目标的实现。也就是说，融合追求的是促进英语学科的教学质量，提高学生学习英语的效果和效率，而不应是技术方面的目标。英语课程的总体目标是培养学生的综合语言运用能力。

综合语言运用能力的形成，建立在学生语言技能、语言知识、情感态度、学习策略和文化意识等素养整体发展基础上，对学生的基本要求：有较明确的英语学习动机和积极主动的学习态度；能够听懂教师有关熟悉话题的陈述并参与讨论；能够就日常生活的各种话题与他人交换信息，并陈述个人意见；能够读懂相当的读物和报纸、杂志，克服生词障碍，理解大意；能够根据阅读目的运用恰当的阅读策略；能够根据提示起草和修改小作文；能够与他人合作，解决问题并报告结果，共同完成学习任务，对自己的学习进行评价，总结学习方法；能够利用多种教育资源进行学习，进一步增强对文化差异的理解和认识。

融合是要将信息技术的应用自然地融合在课堂教学中，促进更好、更快、更多、更省地完成上述任务和要求。"只有在此基础上，才能追求发展性的培养目标（培养和提高学生的信息素养，不仅限于技术操作），将发展性目标统一在基础性目标的实现过程中，并与之协调发展，而不能本末倒置。"[①]

---

① 任杨，何高大.教育信息技术下大学英语教学有效性研究的思考［J］.现代远距离教育，2014（3）：54.

第二节 信息技术与高校英语教学融合路径

一、信息技术与高校英语教学融合的方法

（一）利用网络平台，优化英语课程资源

课程资源作为教学内容的基本载体，决定大学英语教学目标达成的基本条件。对于大学英语教师而言，需要有能力、有意识地选择与课程相关的教学资源，同时注重资源与课程内容的有机结合。在信息化发展环境下，信息资源的融合与优化已然成为教育信息化的关键所在。利用网络技术进行英语素材的收集、筛选，同时进行改变与转化，也是每位教师需要具备的意识与能力。相比于以往纸质的教学资源，网络信息资源的特性决定其在信息刺激、信息输入量以及信息的可接受程度和转化程度方面更具优势，能够在单位时间内有效提升教学的效率与质量。

（二）信息技术与高校英语教学战略协同

在信息化的发展背景下，信息技术在创设英语学习情境以及培养学生听、说、读、写能力方面有着难以替代的优势。此外，以多媒体为代表的教学科技也在文本、声音、动画以及视频等信息处理方面有着独到的价值。总的而言，信息技术的应用使教学方法更趋于完善，师生之间的交流更加高效与丰富。

为了更好地利用信息技术，在教学活动的组织过程中，可以借助网络技术创设一个更为形象生动的语言环境，保证学生在学习过程中有身临其境的感受，在一定程度上保证英语教学的开放性、共享性、协作性与交互性。值得一提的是，随着英语考试逐步向"机考"模式（即考试从头到尾都是面对着电脑屏幕，通过听音频、看视频、读文章、敲键盘来完成考试）发展，在教学过程中需要注重英语考试评价方式的革新。注重对学生快速阅读理解能力的培养，加大听力方面练习的比重，以此提升学生的英语应用能力。

（三）强化培训，加强英语教师信息素养建设

大学英语教师作为教学活动的重要组织者与引导者，在新时期的教学背景下，同样是实现信息技术与英语教学融合的关键要素。为此，高校要充分发挥自身平台优势，注重对教师的培养，提升教师对于硬件、软件的应用能力。特别是对于年龄较大、具有丰富教学经验的教师，学校应组织他们进行必要的计算机技能培训，在夯实信息技术应用基础的情况下，培养他们信息技术应用思维和应用意识，以此促进大学英语教学活动的升级与发展。

二、信息技术与高校英语教学融合的方式

（一）基于多媒体教学软件的英语教学运用

1. 英语多媒体教学特点与原则

英语多媒体教学的特点体现在，信息传递的全过程中改善了信息源的质量，为信息变换和反馈创造更为理想的途径，有效抑制部分干扰，并及时收集、归纳来自信息的反馈，从而加大信息量，确保可靠性，最终达到完美的教学境界。学习外语，最佳的途径是使学生置身于外语使用环境中，自然地接受所学语言的熏陶。英语多媒体教学在为学生提供趋于逼真的语言环境时，帮助学生直接接触英语国家的文化、风俗和习惯，使语言的学习与了解有关背景知识有机地联系起来，从而有助于迅速、准确地掌握外语。英语多媒体教学的上述特点，决定其对改善教学条件、扩大教学规模、落实教学大纲的要求、灵活运用教材、突出重点难点、因材施教等方面的促进作用。

英语多媒体教学应遵循以下原则：

（1）最优化。媒体的选择与组合包括电教媒体和其他教学媒体。媒体的效果因人、因时而异。因此，应按具体情况选择最佳媒体组合，使媒体选择与组合最优化。贯彻这一要求，应注意：①选择媒体要全面考虑，综合运用多种媒体，包括传统的与现代化的，要考虑教学的需要、各种媒体的特点和功能，还要考虑现实条件，如教学环境、设备状况、教师素质等。做到因地制宜，因人而异。②媒体的组合要合理，要把各种媒体的使用有机地组合起来，合理地应用于教学过程，力求使各媒体在教学中各尽所长。③在选择能取得相同教学效果的媒体时，以简便为上，力求内容精练、主题鲜明、操作方便、演示简易、效果显著。④防止音量过大、光线过强、时间过长，即过量刺激而引起抑制的反效果。

（2）反馈性。英语多媒体教学中，通过学生的反馈，教师能够了解学生对知识掌握的程度，从而调节教学节奏，改进教学方法，增减教学内容，做到教其所需，解其所惑。多媒体教学手段的运用，对利用反馈信息进行教学提供许多有利条件，对及时、准确利用反馈信息实现调控，具有独到之处。贯彻这一要求，应注意：①反馈要及时、准确。只有这样，才能使学生明辨是非、强化知识和技能。②善于通过多种形式和途径建立反馈联系。如学生上课时的情绪、表情和思维活动状况；当堂的提问、作业、测验；课后作业与批改、辅导，等等，都是了解学生状况、建立反馈联系的有效途径和形式。

（3）情景性。语言是人类交流思想的工具，人们的一切言语行为都是在一定的言语情景中发生。现代化教学手段的运用必须体现情景教学特色。贯彻这一要求，应注意：①电化情景可分为视觉情景和听觉情景两类。视觉情景，即发挥视觉功能，把情景活生生地展现出来，如幻灯、投影、录像教学等。听觉情景则是通过耳听感受情景，产生想象和联想，如情景对话、情景录音、课文广播剧等录音教学。视听同步是创造语言环境的最佳途径。②外语电教情景教学可分为三个阶段：感知——呈现情景，形成表象，产生联想；

理解——深入情景，理解内容，掌握语言；深化——再现情景，丰富想象，记忆贮存。

2. 英语多媒体教学的运用要点

（1）创设学习情境，激发学习兴趣。英语学习需要一个良好的语言学习和使用环境。多媒体教学软件具有形象、生动的特点，可以提供声情并茂的情境，激发学生的学习兴趣，丰富学生的学习素材，以激发学生学习英语、运用英语的积极性。运用多媒体教学软件进行英语教学，实施的出发点之一是力争使用多媒体教学软件创设出良好的语言学习环境，为学生提供运用英语进行听、说、读、写全方位训练的机会，从而提高学生学习英语的兴趣，有效培养学生听、说、读、写的能力。

（2）提供学习资料，开阔学生视野。英语教学中使用具有丰富内容的多媒体教学软件，可以为学习者提供大量的学习资料，而教学软件图、声、文字的结合，可使学生在学习时兴致盎然。通过利用这种学习资料型的英语教学软件进行学习，不仅可以使学生的听、说、读、写能力得到训练，而且在练习英语基本功的同时，开阔学生视野。这种学习资料型的英语教学软件可以是教师自行开发的，也可以从市场购买；学生对这类软件的使用，可以在课堂上，也可以是课后的学习辅助材料。

（二）基于网络资源的英语教学运用

网络教学是利用现代教育技术手段，特别是互联网调动尽可能多的教学媒体、信息资源，建构有意义的学习环境，充分发挥学生的针对性、积极性、创造性，使学生真正成为知识信息的主动建构者，达到良好的教学效果。网络教学具有开放性、自主性、交互性等特征。开放性主要体现在在线学习不受时空限制，资源通过网络而无限延伸；网络学习能充分发挥学生的自主性，网络课程的设计更适合个性化学习；通过网络平台与教师之间、教师与管理机构之间、教师与主题空间之间、教师与企业之间、教师与教师之间、师生之间、学生之间，都可以进行互动交流和信息交流。网络课堂可以通过视频、音频、图片，使课堂教学呈现出异彩纷呈的情景，方便调动学生学习的积极性。

在网络环境下，网络自身是一个生动丰富的背景课堂，不仅为学生提供个性化的学习空间，让他们能够生动地自主学习，教师也可以利用网络资源，为课堂教学创设形象真实的环境。

基于网络资源的英语教学运用具有以下特点：

（1）学习环境的形象性。多媒体英语教学课件可为学生提供真实的视听环境，通过视觉和听觉组合，提高教学效果，而网络英语教学不需要人为地创设一个多媒体环境，网络本身就是一个真实的多媒体世界，学生进入自然真切的情景中进行英语学习，且学习效果可以获得即时反馈。

（2）学习过程的创造性。网络英语教学选定互联网的某一站点或校园网的某一资源库作为学生取舍的素材来源，而对素材的选择、组拼、融合、消化、转换，则是通过学生发挥想象力和创造力完成。

（3）教学模式的先进性。网络英语教学是一种以学生为主体，以教师为主导的全员参与的"双主"模式，没有固定教材，在教师引导下，每个学生都将教师精心挑选的素材个性化地加工成一篇短小课文。也就是说，学生利用网络环境和资源"编制"成"教材"。

（4）学习资源的开放性。网络具有很高的开放性，是一个无比丰富的资源库。和教师事先编制的课件或印刷的课本相比，网络为学生提供了全方位的学习资源。首先，网上的学习资料是动态的，处于即时更新的状态；其次，网上的资料丰富多彩，涵盖社会的各个方面，为师生双方提供很大的选择，有利于培养学生的自主学习能力；最后，网上资料形象生动，图文声并茂，很容易吸引学生的注意力，激发他们的学习兴趣。因此，网络英语教学将教室扩大到有信息海洋之称的互联网上，使网络成为学生学习英语的一个组成部分。

三、信息技术与高校英语教学融合的途径

信息技术与英语教学融合应该借助信息技术的优势，利用多媒体信息集成技术、超文本技术、网络技术等优势特点，作为教师的英语教学辅助工具和学生英语学习的认知工具，构筑数字化英语学习资源，使学习者实现英语学习方式的变革，从被动接受式学习转变为自主学习和有意义学习。信息技术与英语教学的融合，将带来英语教育观念的转变，形成新型的教学结构，从以教师为中心的讲授，转变为学生探索发现式的自主学习、协商讨论和意义建构。

在信息技术与英语教学融合模式下，首先，教师根据教学目标对教材进行分析和处理，并以课件或网页的形式，把教学内容呈现给学生。学生接受学习任务以后，在教师指导下，利用教师提供的资料（或自己查找信息）进行个别化和协作式相结合的自主学习，利用信息技术完成任务。然后，师生一起进行学习评价、反馈。在整个教学过程中，学生的主体性和个别化得到体现，有利于学生的创新精神和问题解决能力的培养；教师通过融合任务，发挥自身主导作用，以多种手段帮助学生学习，进一步调动学生的学习积极性。信息技术与英语教学融合的具体途径包括以下方面：

（一）信息技术作为英语教师的辅教工具

信息技术与英语教学融合是计算机辅助英语教学理念的提升和发展。原来的信息技术教学应用更加关注辅助教学，而且将信息技术孤立于课程目标之外，不能作为教学结构的有机元素看待，不能取得良好的教学效果。信息技术与英语课程的融合，并非忽视信息技术作为英语教学工具的功能，而是把其作为信息技术与英语教学融合的一个侧面。信息技术作为英语教师的教学辅助工具，主要是作为知识呈现工具、师生通讯交流工具、测评工具以及情景展示工具等。信息技术作为英语教学工具，将更加关注教学设计的合理性，从英语教学目标出发，真正把信息技术融合于英语教学中。

（二）信息技术作为学生的学习认知工具

信息技术与英语教学的融合，和辅助英语教学具有明显区别，信息技术可以作为学生强大的认知工具，成为学生学习与认知的有效工具，并且根据英语学习目标，学习者能够合理地选择信息技术工具。信息技术主要作为英语学习内容和英语学习资源的获取工具、作为协商学习和交流讨论的通讯工具、作为知识构建和创作的实践工具和作为自我评测的反馈工具。学习者必须根据学习环境和目标以及预期结果，选择合适的信息技术工具作为自己的英语学习工具。

（三）信息技术作为学习环境的构建工具

信息技术应该构建一个有效的英语学习环境。通过信息技术，可以呈现给学生一个真实的或者虚拟的学习环境，让学习者获得体验，学会在环境中主动建构、积极建构，构筑自己的学习经验。信息技术构建学习环境，可以通过网络通讯功能以及虚拟功能等，营造学习者有效的英语学习环境。

四、信息技术与高校英语教学融合的实践

（一）信息技术与英语听力课程融合

传统的听力教学主要是依靠录音机和教师完成。这种教学方法单一，控制不便，而计算机的应用，将弥补这一不足。英语教师可以运用多媒体计算机播放听力材料，这种方式集文字、图像、声音于一体，形象生动，可以激发学生的学习兴趣，有效提高学生听力。在播放中内容可以任意前进、后退、反复，学生如果某一句或某一段没有听懂，可以重复收听，这是录音机无法比拟的。最后，可以选择地道的英语听力软件。有时，教师语音、语调不准确、不规范，势必会给学生的听力提高造成障碍，而良好的听力软件，播放的语音纯正、地道，学生听来则是一种享受。

（二）信息技术与英语口语课程融合

随着对外开放的逐步加深，培养英语专业学生说的能力显得越来越重要。对说的能力的培养，离不开环境。计算机和网络的发展，为学生提供更为广阔而真实的空间，主要体现在：首先，在人机对话方面，学生可以选取一种软件自主地训练自己的语音、语调和表达能力，可对着话筒模仿计算机中播放的内容，计算机可以对此进行反馈。其次，网上交谈方面，网上交谈的途径包括：一是通过国际互联网，学生可以和外国人交谈。外籍教师有限，学生很少有机会与外国人直接沟通，通过国际互联网，学生可以和国外说英语的人直接交谈、沟通。二是通过国内互联网，学生可以和国内说英语的人交流。三是通过校内互联网，学生可以和教师、同学自由对话。学生可以在教师指导下，根据语言水平和爱好，选择不同的交谈内容和交谈对象，使教师变"授人以鱼"的教学方式为"授人以渔"，让学生主动参与学习活动，从而进行自主地探索学习。

（三）信息技术与英语阅读课程融合

阅读是英语教学的核心内容之一。如何有效地提高学生的阅读能力，是英语教学的关键所在。多媒体计算机及网络的应用，会使英语阅读教学跨上一个新的台阶。CAI，即计算机辅助教学，具有集成文字、图像、影像、声音及动画等多种信息的功能，愈来愈受到欢迎。多媒体技术的运用，可以使课堂教学容量相对增大，给学生提供更多的语言实践机会。

多媒体课件的形象生动，可以提高学生的英语阅读兴趣；利用多媒体网络进行英语阅读教学，是培养学生阅读能力的一条新途径；可以有效克服以往英语阅读教学中的问题，如阅读题材狭窄，内容陈旧，训练方法单一、呆板等问题，因为网络具有信息丰富、题材广泛且新颖、反馈及时等特点，因此可以提高学生的阅读兴趣，激发他们的求知欲望，从而有效提高学生的阅读能力。

选择网上阅读材料时，应遵循 5 个原则：一是拓展性，即从网上选取的材料是对教材内容的扩展、延伸，而不是简单的重复；二是时效性，即所选材料内容要新，有时代感或是关于热点问题；三是趣味性，即所选材料应符合学生特点，能够引起学生的兴趣；四是科学性，即所选材料要真实，能够如实反映客观实际，这一点需要特别注意；五是艺术性，即所选材料要难易适中，适合学生阅读水平，教师也可对文章进行适当改编。

（四）信息技术与英语写作课程融合

传统的英语写作训练方法比较单调乏味，教师一般让学生就情景写作，或对课文改写，或写英文日记，这些做法都较为死板，而计算机和网络的应用，可使英语写作变得生动有趣，丰富多彩。首先，利用多媒体课件创设写作背景。教师可在屏幕上展示画面、关键词语，或者播放一段故事，让学生观其形，闻其声，然后有所感而写；可以设计有趣的练习，当学生掌握一定的词汇用法、句型及语法后，逐步进行写作训练。其次，教师可以利用网络优势，提高学生写作能力；组织带领学生一起通过网络搜集相关信息，让学生了解关于写作主题的信息，还可以要求学生挑选出一个最感兴趣的话题，写一段简短的作文，再将内容发送给老师或自己的好朋友，让学生增强学习英语的兴趣和自信心，提高写作水平。

信息技术为英语写作教学提供了丰富的素材和更有效的交流方式。第一，在情境写作方面，多媒体电脑为书面表达中的情境创设提供了有力的支持，情境呈现—讨论交流—写作—评价是常用的教学流程。教师可利用多种软件，设计各种生动的情景。第二，在互动写作方面，教师可以通过校园网，利用"故事接龙"的形式与学生进行交流，增加英语写作的趣味性，使教师与学生、学生与学生之间交流达到一个新的高度；通过网上论坛，就某一话题用英语展开讨论；利用信息技术，从网络上搜集相关资料，开辟交流区，内设英语论坛，以交互形式促进学生的英语交流。第三，在自主写作方面，让学生从网络上获取阅读材料，阅读后根据自己的选择和思考进行"吸收＋创造"式的写作，使阅读能力、写作能力和信息素养得到共同提高，将阅读和写作有机地结合起来。

通过以上方式，让学生参加教与学的活动中动手操作、开口说、主动思考，既提高学生的计算机操作能力，又促进学生英语听、说、读、写能力，达到信息技术和英语教学同步提高的双赢目的。

第三节 信息技术与高校英语教学深度融合

在国家教育信息化大政方针的指导和引领下，我国教育界掀起了信息化教育的热潮，"慕课""微课""翻转课堂""在线课程""移动学习""手机云班课""信息化教学大赛"等一系列互联网教学术语开始频频走入教育各界人士的视野中。

大学英语是各大高校开设的一门公共必修课，也是一门应用性极强的语言课程，在大学英语教学实践中充分利用"互联网+"带来的优势，为学生提供丰富、可视化的学习资源，创设交互、情景式的动态学习环境，大力借助现代教育信息技术更新教学内容、优化教学环境、革新教学模式、提升教学质量显得尤为重要。

传统的大学英语课堂，以"一间教室、三尺讲台、一支粉笔"为模式，教师是主演，学生是观众，难以激发学生的学习热情、发挥学生的主观能动性，从而弱化了课堂教育的功能。此外，语言的社会交际功能决定着大学英语必然是一门集艺术性、交流性、实践性、应用性于一体的学科。教师应该积极引进和使用计算机多媒体、网络技术等现代化的教学手段，改善学校的英语教学条件，营造良好的英语学习氛围，激发学生学习英语的自觉性和积极性。在信息化教育环境下，教师就必须成为学生学习资源的提供者和开发者、学生学习能力的引导者和促进者、学生学习过程的沟通者和合作者、教学方法的创新者和反思者、教学活动的设计者和组织者、信息技术的研究者和学习者。深入钻研教材，利用现代信息技术，调动一切可利用的教学资源，投入更多的精力为学生提供丰富、可视化的学习资源，创设开放、动态的交互式教学情景，调动学生的学习积极性、主动性和课堂参与性，引导学生灵活应用英语进行交际，让课堂出彩，不断激发学生的求知欲，让学生真正成为学习的主人，投入其中、学在其中、乐在其中。

现代教育中信息技术与大学英语教学的深度融合并不仅仅是把信息技术当成单纯的教学辅助手段，而是把信息技术作为一种促进学生自主学习、优化教师教学环境、提升教学质量与效果的工具。教师要主动学习先进的教学理念，充分运用现代教育信息技术，把其作为学生主动学习的认知工具、情景教学的创设工具、教学资源的整合工具，并将这些"工具"运用到教育教学实践中，使信息技术化为优质课堂的隐形助推力，成为课程内容的有机部分，以超媒体结构方式组织教学，设计、开发集文字、符号、图形、图像、活动影像和声音等多种因素于一体的教学课件，用多媒体技术解读、模拟或再现传统教学技术无法展示的课本对话或篇章场景、情景。实现信息技术与各种优质教学资源的有机融合，从而优化教学环境，从根本上改变传统的教学模式，大力培养学生收集获取英语语言信息能力、分析加工语法句型结构能力、英语交流应用能力、互助协作能力和自主创新能力，充分发挥学生的语言学习主体性、能动性和自觉性。教学中的信息技术应用不仅可以丰富教学内容、改变教学模式、优化课堂，而且可以在迎合学生的心理和时代发展特征的基础上，拓展学习空间。学生可以通过手机、iPad 等工具，利用信息技术网络教学平台学习与巩固课堂知识，搜集、预习语言文化背景知识以及学习参考资料等，也可利用信息技术进行自主听、说、读、写、译训练，进一步提高英语语言应用能力，养成自主学习的好习惯。

有效利用信息技术改革大学英语教学，不仅能创建新型教学结构，更可以革新教学思想、观念、理念，深化教学内容、教学方法、教学手段和教学过程的改革，实现教学效果最大化。利用现代教育技术微信公众号和现代教育技术微信群建立"互励互教式"微课教学平台，可以拓展最初的课内知识点讲授，在"互励互教式"微课教与学下，学生对知识点的掌握、实践能力均有很大进步，思想道德品质也得到了很大的提高，教师从传统知识讲授者转变为知识的引导者，学生从知识的被动接受者转变为学习过程的主动参与者，教与学的过程从课堂延伸至课外，提高学生的自学能力、积极性和主动性。

一、信息技术与高校英语教学深度融合带来的机遇与挑战

（一）信息技术与高校英语教学深度融合带来的机遇

"随着素质教育的开展和科学技术的进步，现代信息技术对于学校教学起着越来越举足轻重的作用。信息技术由此为教师的教学工作带来新的挑战和机遇。"[①] 教师需要更新观念，实现角色转变，并学习在教学中合理、正确地使用多媒体和信息技术，优化教学方式，模拟学习情境，激发学生学习英语的兴趣，扩大知识面，增加阅读量，培养自主探索的能力和文化素养，提高教学的有效性和时效性，实现资源共享。

随着我国的快速发展和全球经济一体化的进程，知识文化的传播方式也发生了一系列的变化，信息文明已经越来越成为人们生活工作中不可或缺的重要部分，极大地改变了人们的思想观念和行为习惯。人们在享受数字信息带来便利的同时，传统的教育观、人才观和教育模式也都面临着新的挑战，这就引起了教学的思想、内容和方法上的深刻变革。

英语教学作为这一课题的重要组成部分，要求教师及时转变教学观念，改进教学方法，积极学习信息技术，以实现传统教师角色的转换，适应信息社会对于教师所提出的新要求。当然，信息技术在提出挑战的同时，为英语教学提供了更多的机遇，它引领教师走上一条新的英语教学的道路，为激发学生的英语学习热情、提高英语的应用能力打开了更为广阔的天空。

信息技术已经逐步渗透到英语教学的各个方面，如电子课件、多媒体教学、远程教育、

[①] 程亚品．"互联网＋"时代下信息技术与英语教学的深度融合 [M]．天津：天津科学技术出版社，2019：10．

计算机辅助教学等，这些在为教学带来巨大方便的同时，对教师的学习和创新能力提出更新更高的要求，英语教师需要积极学习新的知识和技术，学会操作各种多媒体设备，不断更新自己的知识结构，扩大自己的知识容量，这也符合现代社会对人才的要求，那就是"终身学习"。另外，信息技术和多媒体设备的普及，使学生的学习途径更加多样化，除了在学校课堂上学习之外，还能够借助网络课堂、电子书籍、英文视频等来提高自己的词汇量和听说读写的能力。但是如果学生运用不当，又会产生负面效果，从而阻碍英语的学习。这就使英语教学面临新的问题：如何使学生正确合理科学地使用信息技术和多媒体来学习，这需要广大英语教师思考。

在信息化社会的背景下，英语教师要积极应对，更新观念，实现角色的转变，来适应新形势对于英语教学的要求。所谓更新观念，就是要求教师树立新型的教育观、人才观和方法论，不断更新自己的知识结构，使信息技术更好地为英语教学服务。所谓转变角色，是要求英语教师在教学活动中，不再固守于传统的角色定位，由传统的知识传授者，转变为学生学习的引导者和监督者，课堂教学的组织者和示范者，并且随着信息技术的发展，还会发现更加多样的角色。

信息技术把计算机与艺术相结合，可以使信息的获得和传播实现强烈的艺术感染。课堂的内容可以通过图像、视频、动画、声音等来表现，使课堂更加充满感染力。何克抗教授在《创造性思维理论模型的建构与论证》一文中指出：基于言语概念的逻辑思维离不开表象。任何语言的抽象概念和形式结构如果不能通过表象来表现，就不能表达出应有的意思。对于一门从未接触过的语言，学生缺乏对这门外语的了解和体验，因此很难挖掘出对这门语言的热爱和求知欲。所以，这就要借助于多媒体为学生营造出形象生动的环境，使学生能在身临其境中使用语言，从而达到学习语言的目的。

人们总是对自己感兴趣的事情才能真正投入热情和努力，才会主动自觉地学习而不会感到枯燥。但是，在长时间的英语学习中，因为一成不变的传统教学模式，很多学生已经逐渐丧失了对英语的兴趣，并且因为英语学习的枯燥和抽象化，造成其英语学习上的困难，从而降低了对学习英语的信心。然而，目前在多媒体技术的辅助下，教师可以模拟出在日常工作学习生活中的现实情境，与现实生活紧密联系，使学生如置身于真实的情境中，曾经抽象的英语语法变得具体，曾经枯燥的英语知识点变得生动形象，多媒体技术可以把平面的英语知识转化成图文并茂的语言知识，转化为动态的视频，把听说读写结合起来。

在目前的教学中，存在学生英语阅读量小的问题，这是因为学生手中的资料有限且更新慢造成的。现在互联网上有大量的英语学习网站，包括一些名校的英语学习资料，可供学生浏览和下载，这样学生就可以在课下通过更多的途径来提高自己的英语阅读水平。

英语是国际公用的语言，为全球的跨文化交流起到了桥梁的作用。因此，英语的学习就是一种跨文化的学习和交际活动。现代信息技术可以为跨文化交流能力的提高起到促进作用。学生可以通过互联网收听 VOA、BBC 等新闻时事，在锻炼听力的同时，了解当今国际时事，掌握社会发展趋势：学生也可以从影视 APP 上找到经典的国外原声影片和纪录片，了解各地风土人情和当地文化；学生还可以通过网络了解最新音乐资讯，学唱英文歌曲，对于英语学习也大有裨益；另外，还能通过网络看英文经典著作和诗歌等。这些在提高学生英文水平的同时，还能提高他们的文化修养和知识素养，全面提高学生的素质。

传统的教学模式都是以教科书、习题册和磁带等实物形式出现的，教材编写的问题，造成教学内容的滞后，可能会与社会和语言的变化相脱节，造成学生所学非所用。而信息化教学就解决了这一问题，为教学提供了及时的、生动的课外资料和补充。另外，传统的备课、考试等环节都依赖于纸质的教材、试卷，对于信息的查找、整理、挑选所需要的时间成本会高于使用数字化信息技术，其效率也势必要远远低于数字化教学。而通过电脑、投影仪等设备，可以轻松地提供学生以图像、视频、声音等形式，形象生动地呈现出原本抽象、晦涩的理论内容。

21 世纪是一个信息发展的时代，每天都有大量的信息资源通过各种途径和方式在进行传递。但由于某些局限性，不可能获取所有自己所需要的信息，这就需要信息的共享。信息技术为此就提供了巨大的便利。例如，可以通过信息搜索来查找任何自己需要的内容；也可以通过网络资源共享，把自己所有的资源共享到服务器给需要的人使用；还可以通过存储和输出设备（如 mp3、mp4、mp5 等）来进行信息的传递，既便于携带又经济环保，而且还可以随时更新。这些都是通过信息技术来实现的。

随着人类社会的发展和科学技术的进步，越来越多的数字化技术和设备被广泛运用到日常生活和工作中。教师在运用信息技术进行英语教学时，能够深深体会到其对提高英语教学质量和效率的巨大作用。英语教师要认识到，信息技术能够辅助教学工作的开展，同时教学工作又能推进信息技术的进一步发展，二者是相互影响、相互作用的。面对信息化的浪潮，教师要积极更新观念，转变自身角色，充分调动自身的主观能动性，挖掘自己和学生的潜能，与时俱进，勇于迎接挑战，相信在信息技术的帮助下，英语教学之路会走得更好更远。

（二）信息技术与高校英语教学深度融合带来的挑战

21 世纪以来，信息技术快速发展，信息技术的广泛应用推动着教育教学的重大变革。在全球信息化的浪潮中，职业教育同样需要开展一系列教育改革。我国对于职业教育信息化建设十分重视，以信息化推动职业教育现代化。作为职业教育最高层的高等职业教育，其信息化建设的意义与作用显而易见。信息技术与职业教育的融合并不是简单的技术引入与应用，将改变传统课堂教学结构与模式乃至学校教育体系的根本性变革。

目前，本科教育部分课程正进行信息化与教学融合的课程改革，如翻转课堂和思政慕课等，学生学习效果反映良好，可是高职教育信息化还未开展推广。与此同时，学生抱怨英语课程太多不爱学，教师只能推着学生学。为了让学生课上专注，高校也想了不少办法，例如避免信息化的干扰——收取手机，避免课上睡觉——加大课堂提问和作业检查力度，避免课上闲聊——减少课堂讨论。然而这些方法没有从本质上改变学生对英语课的态度，学生上课状态低迷，课堂教学效果不理想。

在信息化时代，如果说学生完全排斥英语是不准确的，学生每日依赖网络通过手机获取国外英文资讯、观看英文电影、欣赏英文歌曲等，但就是厌恶在课堂上捧起英文课本学习英语。英语基础弱的学生认为课本内容复杂、专业、枯燥，从而产生放弃的想法；而英语基础强的学生则认为内容过于浅显，自学就能轻松完成学习，课上不能满足自己的学习需求。在这种情况下英语课堂学习气氛愈来愈差。若将信息技术适当地引入英语课堂，构造多模态的网络生态环境，可以改变以教师为主宰的传统课堂，突出以学生为主体，引入更多的教学资源，以多模态形式展示教学内容，激发学生的学习兴趣，调动学生的主动性；突破教学重点与难点，从而增强英语课程教学效果与提高质量。

教师应该转变观念，少抱怨学生基础差；创新教学活动、改进教学方法，更新教育观念。最终目的是让学生掌握知识并且在实践中灵活运用；所以教学的终端是学生，而不是教师个人才能的展示。让学生参与课堂，发挥其在课堂中的主动和能动作用；树立学生在课堂上的主体地位，让学生成为学习知识的主人，使学生从被动的学习者转变为主动的学习者，从而建立高效课堂。依靠互联网和信息技术的进步，翻转课堂、慕课、微课、各种学习应用软件、网络学习平台等的兴起，让学生成为主体地位更容易实现，而教师则转变为学生学习的幕后工作者，借助信息技术通过引领、督促、检查与推动帮助学生完成学习任务。强调学生是学习的主体，是信息化教学的直接参与实践者，更是终端受益者。

教师运用多种模态，具体生动地向学生展现教学内容，如一系列动态图片、音乐音频、影片片段、动漫演示等，激发学生的英语学习兴趣，使他们对教学内容更易于理解并印象深刻。在传统英语课堂中，为了掌握学生的作业和学习情况，教师不得不占用大量课堂教学时间。在课堂检查的同时，也会造成其他学生的分心与等待。阶段考试更是需要聘请大量教师协调时间耗费至少四个课时才能完成。若是将信息化合理引入，课后教师可以使用网络学习平台和测试 APP 进行作业布置，在规定的时间内学生需要完成在线测试和语音上传，更灵活地安排时间检查学生作业，完成批改。同时信息化软件可以将每个学生的学习过程完整地记录下来并且根据相关设置进行成绩分析，快速生成数据。教师可以根据学生的测试记录为学生推送不同等级的资源和安排个性化的学习，加大对学生的语言输入力度，人为最大化地创造英语语言学习环境。利用信息化教学手段，可以体现学生的主体地位，开展个性化的教学与测试。

信息化教学的学习方式有别于传统教学方式，主要表现在其灵活多样性。课堂不再是传授知识的唯一场所，课本不是仅有的学习资源，互联网提供丰富的信息知识补充课本内容；教师不仅仅是知识的灌输者，更是学习方法的引导者，未解知识的解惑者。课堂教学与现代信息技术的合理融合，通过丰富自主学习的知识资源，拓宽自主学习的路径，正确引导学生自主学习，改变学生习以为常的"被动式"学习模式，为学生养成终身学习的习惯奠定基础。

在传统教学中，师生互动只限于课堂；师生之间并不熟悉，学生甚至认不出自己的授课教师。采用信息化辅助教学，师生互动将不受时间与地点的约束，学习过程从固定单向灌输转变为双向互动的多元化模式。课前，教师在学习平台发布课前预习任务单，推送相关学习资源；课中，教师可选用最新的英文新闻与视频，吸引学生参与课堂并鼓励其大胆发言，利用学习平台快速建立讨论小组，布置思考题组织学生自行查找资料整理后找到答案，增强学生自主学习的信心。课后，利用平台布置作业，群里及时统一答疑解惑和辅导与纠正单个学生，拓展课堂知识帮助有能力的学生进行深层次的学习。

采用互联网信息化教学手段，教师不再是单纯的独裁者和灌输者，而是课堂的引导者。利用信息技术教师可突破固定课本内容的局限，为学生提供丰富生动及时热门的学习资源，让学生接触到来自不同国家与地区的英语母语者发音，提高学生的听力理解能力，真正实现英语的无障碍交流。强调学生为课堂主角，让学生真正成为学习知识的主人，由被动学习者转变为主动学习者，学生参与课堂发挥主动和能动作用；结合案例教学法和情景教学法，培养学生的分析能力和解决问题能力，从而建立高效课堂。

信息化融合的英语教学，教师不仅需要良好的专业知识素养，课堂组织能力，还需要掌握现代化信息技术，如操作各种软件、制作视频动漫、搭建管理学习平台、与学生进行"线上线下"互动和数据统计与分析。关注学科的前沿科技最新理论，与时俱进，并且乐于与学生分享和讨论，开拓思路。

职业教育信息化与教学融合可以突破传统的教学方式，激活新的思路，新的教学方式可以创造多元化互动式的学习新文化，从而提升学习效率。强调学生为主角，教师不再是单纯的独裁者和灌输者，而是学习的引导者；让学生真正成为学习知识的主人，由被动学习者转变为主动学习者，培养自主学习能力。每一个学生都是一支需要点燃的火炬，在信息化时代教师必须积极学习、开拓思路、与时俱进，调整与学生的关系，建立平等的、民主和谐协作的关系，成为学生的点火者、引路人。

随着现代信息技术与大学英语教学的深度融合，产生了微课、慕课、翻转课堂以及网上自助学习平台等多种新的混合教学模式。这种多元化的教学模式对大学教师的信息技术素养、教学方法和手段提出了更高的要求。

在信息技术飞速发展的今天，网络资源极大丰富，学生能够通过网络获得海量的专业知识，教师不再是学生获得知识的唯一来源，也不再是专业知识的专享者。教师的信息优势被打破，如不加强自身专业知识的深度学习，不了解学科前沿动态，就很难适应大学英语教学内容的更新和学生对英语专业知识的更高要求。而且由于传统大学英语教师所学专业的局限和学科背景的单一，知识结构大多囿于英语语言文学范围，在"互联网+"时代背景下面对来自不同学科背景的大学英语学习者时，学科知识会显得狭窄，很难满足学生对自己所学专业相关英语知识的需求。

随着 21 世纪人类已全面向信息社会迈进，培养创新型人才需要信息化教学环境的支持。在传统的大学英语教学中，教师只是课程内容和教材设计的执行者、实施者，而在"互联网＋"时代背景下，教师必须要逐步转变为教学内容的开发者、设计者，才能更好地利用网络辅助英语教学。因此需要有熟练的电脑操作技术，熟悉各种教学软件、能制作精美的教学课件；同时还必须具有较强的网络管理能力，能利用微信等积极参与网络资源的建设和网络平台的管理；此外还需要具备制作微课所需的相关技术，如视频音频录制、剪辑、配音、合成等。因此，大学英语教师必须跟上时代的步伐，否则就会被信息时代和网络时代淘汰。

在传统的大学英语教学中，教师主要靠口头讲述和板书进行知识的传授，而学生基本处于机械记忆、被动接受状态，教学形式单一枯燥。而在信息技术时代，计算机网络技术成了辅助大学英语教学的必要手段，慕课、微课、微信、自主学习平台等相继投入使用，如果教师继续沿用传统的教学方法，不及时更新、采用先进多样的教学手段，教学效果势必大打折扣、教学质量难以提高。

网络资源的开放性使得信息资源丰富、及时，触手可得，还意味着信息资源的共享，部分学生甚至有可能比教师提前或者更全面地掌握一些信息。尤其是慕课和网络公开课展现了很多名校、名师、名家的教学过程，使得学生对大学英语教师自身的专业知识有了更高的期待和要求，因此大学英语教师必须加强专业知识的学习，不断完善自己的语音、语法和语言组织能力，同时关注本专业领域的学科前沿动态并将其运用到自己的教学过程中，以激发更多学生英语学习的积极性。

此外，大学英语教师还应努力拓宽自己的知识面，更多涉猎不同专业专门用途英语的知识，如医学英语、法律英语等，以适应不同专业背景的大学英语学习者的要求，同时为大学英语高年级阶段开设后续课程做好准备。总之，大学英语教师应树立终身学习的理念，努力提升自身专业水平并不断更新知识结构。

在"互联网＋"时代背景下，传统的教学方法已不能适应大学英语教学，一支粉笔一块黑板的传统手段和配置也已无法满足当代大学生的求知欲。大学英语教师要善于学习，除了熟练运用多媒体设备授课，增强课堂吸引力之外，还应充分利用微信、自主学习平台等多种辅助手段和慕课、微课等丰富网络资源为学生设置具体学习任务并检查学习效果，从而实现"平台、教师、学习者和学习资源的深度互动"。同时还能让学生有效利用课余和碎片时间，将大学英语的学习贯穿于整个学习阶段，使课余课后的自主学习规律化、常态化，以督促和帮助学生养成良好的语言学习习惯。

同时，大学英语教师还应勤于思考，着力改进传统的教学方法。不再沿袭过去教师一人唱独角戏，学生被动接受的教学模式，而是借助多媒体影音设备，为学生创设生动有趣且真实的英语学习情境，让学生主动参与到语言练习活动中来，增强交流性和实用性。

此外，教师也可以将学生分为若干学习小组，为其设定具体学习目标，让学生就课前布置的微课、慕课、视频话题和内容进行讨论，最终以汇报、辩论、表演等方式呈现学习成果，促进学生合作学习、增强团队意识，而教师本人也应以合作者和引导者的身份加入到活动中去，同时答疑解惑，以"润物无声"的方式将语言教学的要点渗透到课堂活动中；大学英语教师还应特别注重培养学生的问题意识，启发、鼓励学生大胆提问、质疑，从而在英语课堂教学改革过程中真正为学生构建起一个体验、探究、合作、交往、互动的英语学习平台。

随着计算机网络技术的不断发展，现代信息技术与教学的结合无疑是大势所趋，这一结合给当代大学英语教师提出了更高的要求。一方面，大学英语教师必须具备基本的计算机操作和网络知识，才能具有搜索网络信息和资源的能力，才能与层出不穷的新知识、新信息保持同步，进而不断更新和改进自己原有的专业知识体系；另一方面，在信息时代，当学生面临浩如烟海、良莠不齐的英语学习资源冲击时，只有具备必要的信息技术能力，才能恰当整合网络资源、进而给学生推荐、传授正确、适当的语言知识信息，让学生受益；此外，大学英语教师还应积极参加信息技术培训，不断学习新的信息技术如：计算机操作、PPT 制作、音视频录制剪辑合成、网络平台的控制与管理等，将自己的专业知识和教学理念以及学生个性化的学习要求融入自己的 PPT、微课或是网络公开课开发中，从而制作出具有鲜明个人风格特色的教学内容。只有这样，大学英语教师才能真正成为课程的开发者、设计者，从而适应日新月异的时代发展。

在网络技术飞速发展的信息化时代，资源的及时性、丰富性和开放性让教师失去了原有的资源优势，同时随着国际交流和跨文化交际的日益频繁以及社会和学生的要求不断提高，大学英语教师面临着巨大的冲击和挑战。要想适应这一形势，大学英语教师务必要转变自己的角色，明确自己的定位，做学生学习的促进者、引导者，课程的开发者、设计者，教学改革的研究者、实践者，树立终身学习的观念，不断自我完善，谋求发展。率先掌握教育信息技术，具备收集、整合资源和运用、传授信息的能力，积极探索"互联网＋"环境下的英语教学改革问题，以不断提高英语教学质量，为培养具有较强语言交流和综合运用能力的复合型人才做出贡献。"互联网＋"时代背景下新兴、多元混合教学模式不会取代传统教育，但一定会让传统教育焕发出新的活力。

二、信息技术与高校英语教学深度融合的发展趋势

"互联网＋"背景下，现代信息技术的广泛应用给基础英语教学带来了无限生机和活力：能帮助教师获得更多的资源，实现资源共享；能丰富教学手段，改变学习、教学方式，探求新的教学模式，优化教学；营造互动的教学氛围，提高教学效益。因此，通过对"互联网＋"背景下基础英语教学新模式的研究，有望打破以教师为中心、视学生为接受知识的容器、扼杀学生发展空间的封闭型教学模式；同时激发教师努力贯穿开放的教学理念，充分发挥信息技术的作用，寻求信息技术与学科课程相结合的最佳切入点，以达到提高基

础英语教学有效性的目的。"互联网＋"背景下基础英语教学新模式——"互联网＋慕课＋微课＋微信＋翻转课堂"的多元混合教学模式——的构建，既有助于实现学生个性化、主动化的自主学习，又能提高基础英语的教学质量，更能促使教师从自身教学工作的实际和学生的实际出发，探索提高基础英语教学有效性的途径和方法，是基础英语教学改革与发展的必然趋势。

在"互联网＋"背景下，高等教育的信息化浪潮已经势不可挡，教学模式、教学内容、教学形式都在寻求不断创新，教师的角色也正在由知识拥有者、传授者转变为学习活动的组织者、导向者；在教学模式上，正在从以教师为中心向以学生为中心转变；"线上线下"相结合的混合教学模式正在逐渐取代传统只靠面对面授课的方式；以注重结果评价转变为结果与过程相结合的评价，并且更加注重学生学习的过程性评价；授课教师需要提供丰富的学习资源，同时将策略型学习、网络型学习、参与型学习有机结合，通过高等教育的信息化创新高校教学模式，促进高校教学质量显著提高。混合教学模式顺应教育信息化的号召，在高校教学（尤其是英语教学）中得到了越来越多的关注，本书旨在研究如何在"互联网＋"背景下应用混合教学新模式——"互联网＋慕课＋微课＋微信＋翻转课堂"的多元混合教学模式促进基础英语教学效果的提高。

基础英语是面向英语专业一、二年级开设的一门主干课，是高校英语专业课程体系中开设时间最长、课时量最多、最基础、综合性最强、涉及面最广、对学生全人培养效果最显著的一门专业必修课程，也是学生投入精力最大的一门课程。但在传统基础英语教学中，教师主要采取面对面的课堂授课方式，语法、词汇、修辞、翻译等面面俱到，学生学习目标不明确。虽然老师采用了一些现代化的信息技术，如课堂上使用多媒体课件、视频、音频等资源，但学生仍会感觉学习内容枯燥乏味，学习积极性受挫，表现为在课堂上参与度不高。口语环境缺乏，学生的主体性就得不到体现；但如果让学生成为课堂的主导，逐一进行发言讲解，对于英语水平参差不齐的普通本科生而言，无疑加大了课堂难度，学生学习英语的信心就会遭受打击，无疑增加了完成教学任务的难度。因此，不管是学生还是教师对于传统基础英语课堂上只注重传授语言知识的单一教学模式并不满足，学生也希望教师能够利用新的教学手段提供更好的学习环境和氛围，使他们能够更直观更感性地享受学习过程。众所周知，基础英语课程教学质量直接影响到英语专业人才培养的质量。因此，基础英语教学模式改革迫在眉睫，这也是本章节选择基础英语这门英语专业必修课程教学为例的主要原因，试图构建出基于"互联网＋"的混合教学新模式服务于基础英语教学。

自"互联网＋"理念首次提出以来，就引起了越来越多专家学者的关注，在"互联网＋"的涌动中，教育已成为其中的一个加数。如果说，第一代教育以书本为核心，第二代教育以教材为核心，第三代教育以辅导和案例方式出现，那么，如今的第四代"互联网＋"背景下的教育才是真正以学生为核心。"互联网＋"教育的结果，将会使未来的一切教与学活动都围绕互联网进行，老师在互联网上教，学生在互联网上学，信息在互联网上流动，知识在互联网上成型，线下的活动成为线上活动的补充与拓展。随着教育互联网化，互联网与教育找到了优势互补的契合点，并引发教育行业的广泛创新和变革。因此，我们教师有必要通过"互联网＋"让传统教育焕发出新的活力，才能与时俱进。

翻转课堂是互联网时代的教育革命，它颠倒了传统学习过程中的知识传授和知识内化两个阶段，要求"课前学生通过观看教学视频完成知识的传授，课堂上学生通过各种教学形式完成知识的内化"。翻转后的课堂以问题为驱动，以教学活动为中心，以提高教学效果为目标，满足了英语学习的个性化需求，有利于提升学生的信息素养、自主学习能力和英语综合应用能力。

教学模式是指在一定的教育思想、教学理论和学习理论指导下的、在一定环境中展开的教学活动进程的稳定结构形式。混合教学模式是随着网络和计算机技术的发展而产生的一种传统教学和网络教学相结合的一种教学模式：基于多种教学理论（如建构主义、行为主义和认知主义）指导，运用多种教学设备和工具、教材和媒体，坚持以学生为主体、教师为主导的教学理念，将课堂教学方式与互联网教学方式有机结合，建设良好的教学环境，最终达到最优教学目标。这里说的混合教学模式既包括教师在课堂上的讲授和对学生网络平台自学的指导相混合，也包括学生在课堂上学习和课前课后的网络平台学习相混合。教学资源和教学环境的混合是混合教学模式顺利进行的基础。它能够将面授的优点和网上教学的优点结合，综合了"教为主"和"学为主"的优势，在教学实践中既能显示出老师的主导作用，又能体现学生的主体地位，使学生在教师的帮助下在恰当的时间应用合适的学习技术积极主动地获取知识，最终达到最好的教学效果。

虽然近年来有一些教师在教学中尝试使用混合教学模式，但仍存在很多不足之处，例如，学生的课前学习效果得不到有效保证；如何帮助学生养成在课前课后论坛互动交流的习惯；等等。因此，有必要对此进行更深入的探讨。

"慕课（MOOC）"，即"大规模在线开放课程"，是指由主讲教师负责的、支持大规模人群参与，除了传统课堂上教师常用的讲课视频、阅读材料、作业练习外，还具备论坛互动、邮件和考试相互交织的网络教学过程，主要基于互联网平台运行。慕课提供了海量的教学资源，教师可以根据学生的基础精心挑选合适的教学资源，课前让学生利用"互联网＋慕课"自主学习以输入语言；课上老师加以引导讨论，让学生汇报学习成果，以巩固内化知识，实现了"平台、教师、学习者和学习资源的深度互动"；课后教师和学生及时反馈以促进学生改进学习策略。在这种新型教学模式引导下，学生成为课堂的主人，教师成为指导者，充分发挥学生的课堂主人翁精神，真正做到课堂翻转。

"互联网＋慕课＋翻转课堂"三者有机结合可以做到优势互补，有利于语言的输入和输出，适用于基础英语课程教学。于学生而言，优质的视频资源比课堂教师面对多个学生讲授的输入效果更好；学生可以不受时间和地点限制反复观看，更符合学生个性化学习需求；分组合作式学习可以提高学生学习的主动性和合作意识。于教师而言，教师摆脱了课堂讲授的枯燥和劳累；课堂教学与在线讨论、反馈的无缝对接能使教师更深入地了解学生，从而更好地开展个性化教学；为了充分发挥教师在学生学习中引导、帮助和评价的作用，教师需要不断提升自己的能力，也有利于教师的职业发展。由此可见，这种"互联网＋慕课＋翻转课堂"的混合教学模式是实现教师与学生双赢的最优化教学手段。

微课是将某个知识点或教学环节录制成短小的视频，借助网络共享给学生。微课包括微视频和微资源两部分，即重点知识的精练讲解和与之对应的课件、教案、练习、测试等教学资源。因此，"互联网＋微课"在基础英语教学中的使用，弥补了现行基础英语教学的弊端：首先，微课是以视频为主的载体，短小精悍，目标明确，重点突出，结构紧凑，内容丰富，趣味性强，可供学生在课前、课中、课后反复观看，更方便他们利用课前、课后的时间，拓展了教学平台，延伸了课程边界，延展了英语课堂的学习时间和空间，优化了教学资源，增加了教学中的互动，兼顾了不同层次学生的知识消化能力，加强了学生的自主学习性和自信心。其次，相对于冗长的英语课文而言，短小的微课视频更能引起学生的学习兴趣，主题新颖、设计精良的视频能将枯燥乏味的语言点、知识难点浓缩为 5～8 分钟的趣味微课，增添了课堂的趣味性，营造轻松的课堂学习氛围。教师可以有效延伸课堂教学内容，拓展学生的知识面，完善学生的知识体系。微课是实现翻转课堂的重要前提基础，也是课堂教学的拓展和延伸。随着移动互联网和智能设备的发展，这种"互联网＋微课＋翻转课堂"的混合教学模式将成为英语教学的新常态。

随着信息技术的发展，手机已经成为人们（尤其是大学生）获取信息的主要载体。腾讯公司推出一款集多平台、多媒体于一体的微信免费通信服务应用程序，因其迷你性、易操作性、多维交互性已经成为人际交往中不可或缺的通信手段之一；另外，目前各高校校园无线网络覆盖基本到位，为微信使用摆脱流量限制提供了条件。微信在高校教学中的使用已具备了充分的可行性，尤其是对英语教学已产生了重要影响。形式多样的微信英语学习平台（英语趣味配音、英语流利说、空中课堂等）不仅为学生提供了丰富的英语学习资源和有趣的学习形式，而且以其移动性和随时性能打破以教师为中心的单向知识传授模式，实现教学的多元互动，也有利于学生充分利用时间实现语言碎片式学习。微信英语学习平台利用微信软件的客户端和公众平台实现资料传送、资源共享、互动交流等功能。因此，教师可以以班级为单位，建立微信群共同探讨学习问题，营造学习氛围。课前，给学生发放任务单，指导学生利用"互联网＋微信"自主学习以输入输出语言；课上，讨论、汇报学习成果以巩固内化知识；课后，师生还可以通过微信群、朋友圈共享有用的学习资源，师生之间可以通过文字、图片、语音、视频、课件、网址链接等方式进行实时交流，多感官的刺激不仅能够极大地激发学生的学习热情，提高学生学习效率，而且完全符合现代学生的学习特点，可谓是好处多多。因此，这种"互联网＋微信＋翻转课堂"的混合教学模式从一开始就深受老师和学生的喜爱。

在"互联网＋"背景下，课堂和教师不再是学生获取知识的唯一源泉，通过互联网学生能够随时随地、方便快捷地获取多样化的学习资源。课堂不再是知识传递的场所，而是教师引导学生掌握学习策略、答疑解惑的场所。自主学习、主动学习、合作学习、个性化学习是"互联网+"时代学生学习的主要方式。因此，构建并实施基于"互联网+慕课+微课+微信+翻转课堂"的多元混合教学模式有助于实现优质教学资源与新兴教学模式的有机结合，是英语教学改革的方向与未来发展趋势。这要求教师要跟上新技术发展，具备使用信息技术的意识、知识和能力，具备制作微课视频、监测学习平台、线上线下与学生互动等信息技术；运用现代科技技术改革教学模式，处理好传统教学与现代教学手段之间的关系，延续对学生思想、情感、人格等方面的影响作用；不仅实现了教学方法、教学手段和教学理念的转变，而且还实现了教师角色定位的转变，从过去的"传道、授业、解惑者"转变成为学习、引导、促进、参与、协调、开发和研究的角色。

三、信息技术与高校英语教学深度融合的具体思路

《大学英语教学指南》也提出了现代信息技术与大学英语课程相融合的教学理念鼓励教师实施混合式教学模式，明确指出在此理念指导下采取的举措成效显著。一些研究者针对信息化时代的教学设计、教学模式和教学实践等展开了深入研究。混合式教学模式以学生为中心，支持学生主动进行意义协商和知识构建，从而提高教与学的效果。实施混合式教学的有效途径就是切实发挥学生学习的能动性。然而，很多学生的在线学习经验缺乏、语言实践能力不足、自主学习意识薄弱、参与积极性不高、对混合式教学方式不适应，使得无论是在线学习还是基于在线学习的课堂教学都不能达到预期效果，从而成为有效开展混合式教学实践的"瓶颈"。下面以大学英语教学为例，探讨混合式教学模式下实践共同体对大学英语教学的作用，为信息技术与英语教学深度融合提供一个新思路。

实践共同体也称为实践社团、实践社区，指的是对某一特定知识领域感兴趣的人互相发生联系，围绕这一知识领域共同工作和学习，共同分享和发展该领域的知识。实践共同体的三个结构要素是知识领域、共同体和实践——知识领域决定共同体成员的共同兴趣和身份感，他们受共同愿景驱动，联系在一起共享、应用、创造知识，促进自我成长；共同体是学习的社会情境，其成员交流协作、互帮互助，共同实践、共同学习；实践是成员主动参与学习、发展共享知识资源并进行实际运用，成员在实践活动中学习知识，然后又将知识运用到实践中，以获得新的实践知识。

实践共同体的形成对有效学习的发生有积极的促进作用。实践共同体的知识转化是一个正反馈循环，正反馈使得共同体成为一个学习主体，在实现个人学习的同时有效促进动态知识生成。实践共同体的维持和发展可以通过组织的参与和管理，提高知识共享水平和效果。这一理论适用于课堂研究，对课堂建设有重要的启示意义。

混合式教学将面对面教学与在线教学相结合，是信息化时代大学英语教学改革的必然产物。北京科技大学"大学英语混合式教学团队"通过教学实践，解构并重构传统课堂，

将混合式教学分为在线学习、课内应用和课外实践等三个核心构成部分，它们在丰富的情境与应用的语境中互相联系、互相融合、互相支撑、互相促进。混合式教学弥补了传统课堂教学的不足，有利于充分发挥学生在学习过程中的主体作用，从而促进学生主动学习、自主学习、合作学习。

（一）在线学习

在大学英语的混合式教学模式中，在线学习形式主要采用小规模私有在线课程（SPOC），教学资源包括语言知识学习和在线学习社区。学生通过自主观看精巧设计的微课视频学习语言知识，完成与课程内容紧密相关的在线练习和测验，以巩固语言知识。在线学习社区是学生与其他学生异步交流的场所，学生通过发帖和回帖，与其他学生和教师通过讨论交流、答疑解惑、沟通协作，分享语言学习资源和经验。

（二）课内应用

课内应用是指学生通过在线学习获取语言知识后，在面对面的课堂学习中将获取的语言知识加以应用。混合式教学下的课堂教学不再以知识传授为主要形式，而是围绕主题创设语言应用情境，通过各种或基于语言或基于技能或基于主题的任务，使学生置身于知识展示、语言游戏、问题讨论、方案制定、小组汇报等语言应用活动之中，并通过与团队协作，共同在"做"的过程中不断提高英语应用能力。

（三）课外实践

课外实践是混合式教学模式不可或缺的部分。学生经过在线语言学习和课内语言应用后，最重要的是能将所学语言知识切实运用到实践中。课外实践通常围绕主题创设的真实性语言实践项目展开，是课堂学习的延伸与拓展。如学生合作完成诸如问卷调查、视频制作、海报设计等项目，并用英语进行课堂展示或线上展示，以培养英语的语言产出能力。

在大学英语的混合式教学模式中，学生成为知识的主动建构者，通过在线学习、讨论交流、团队协作等方式在实践中获取知识。学习方式的转变，对学生的自主学习能力、合作交流能力、语言实践能力等提出了极大挑战。为了使混合式教学模式实现预期的教学效果，有必要创建实践共同体，为语言学习提供互动交流、合作学习、共同实践等方面的支撑，充分调动学生的学习能动性，保障学生有效地参与混合式学习。

基于大学英语混合式教学模式的实践共同体是一种由学生和教师组成的学习型组织。学生为了获取英语应用能力，与其他学生和教师在实践过程中交流讨论、互动协作、共同实践，不断共同建构并发展英语语言知识和能力。

大学英语的实践共同体包含发起者、核心成员和一般成员三类成员角色。其中，发起者是指教师和助教：教师通过发布线上教学资源和课堂交流帖子、组织线下交流讨论活动、布置课后合作实践项目，积极推动实践共同体的形成和发展；助教则通过在线回帖为学生答疑解惑，维护共同体的正常运转。核心成员是指英语能力较强的骨干分子，他们通过线上主动发帖和回帖、线下积极引领课内活动和实践项目，分享英语语言知识和学习经验，领导其他成员进行语言实践学习。一般成员是指英语学习的参与者，他们通常按照课程要求完成线上线下语言学习任务，在发起者和核心成员的引领下参与线上线下的交流和分享，完成实践学习。

实践共同体成员具有共同愿景，短期目标是完成大学阶段的英语学习，获得课程分数；中长期目标是通过英语课程学习，提高英语应用能力。在共同愿景的驱动下，实践共同体成员积极参与相关的学习活动：①自主学习在线课程，通过观看微课视频，完成在线练习，获取进行语言实践所需的知识。在这个过程中，可以随时在讨论区与其他成员讨论课堂话题，就在线学习过程中产生的疑惑提问，群策群力寻找解决方法，并分享学习过程中积累的学习资源和经验。②进入面对面课堂内，在教师创设的相关学习情境中分享在线学习成果，并与其他成员互动协作，完成学习任务，应用语言知识，在共同学习中巩固在线学习成果。③对知识内容和语言能力进行梳理，与其他成员合作完成教师布置的语言项目并进行实践产出，在实践中相互启迪，获取新的语言知识与能力。

实践共同体成员的学习目标是通过在线学习、课内应用和课外实践，完成技艺传授、镜像学习、语言应用和以文成事等学习活动，最终获取语言知识，提高英语应用能力。无论是在线讨论区的互动交流，还是课堂内语言应用任务的协作完成，都有利于学生不断地分享、应用知识，并在运用知识的过程中构建、内化知识。课外实践项目基于在线学习和课内应用取得的学习成果，要求学生在"做"的过程中将学到的知识内化为个人知识，并创造新知识。随着一个教学过程的完成，实践共同体成员也完成了一个语言知识获取的循环。

随着信息化时代的到来，学习者的学习方式正经历前所未有的革新，现代教育技术与外语教学的深度融合使混合式教学模式应运而生。学生作为学习的主体，需要提前做好充分准备，以迎接这种前所未有的学习方式。习惯于"被动学习"的学生，要想适应混合式教学模式很不易。实践共同体为学生提供了交流讨论、相互协作、共享知识、实践知识的途径，是大学英语混合式教学实施的有力保障。

第一，支持协作学习，实现知识获取。实践共同体成员由参与混合式学习的学生构成，他们具有共同的学习愿景、相似的知识领域，既是学习资源的提供者、分享者和受益者，又是新知识的生产者。在语言知识学习的过程中，实践共同体的发起者、核心成员和一般成员相互介入，所有成员共同协商，共同积累在线学习和自主学习的经验，相互协作完成各种语言学习活动、任务及项目，并通过镜像学习提升自己的英语语言水平和英语应用能力。

第二，强化语言应用，完善知识建构。实践共同体理论认为，学习是在实践的过程中进行意义协商、构建知识。大学英语实践共同体强调学习的共同参与，而不是单纯的知识输入。在这个实践共同体中，学生与其他成员和教师通过在线学习、课内应用和课外实践，积极参与真实情境的语言应用，分享知识、经验和想法，由知识的旁观者转变为知识的实践者，将所学的知识运用到实践中，并在实践中建构新的知识，使有意义学习通过参与实践得以实现。

第三，支撑语言实践，完成知识转化。实践共同体的学习活动以应用实践为主，学生积极自主地参与在线学习、课内应用和课外实践，这是一个学生交换显性和隐性知识并共同创造新知识的过程。在这一过程中，学生不断提高语言实践能力，通过语言实践激发已有的语言知识，同时通过资源共享、语言应用和实践活动等在实践中促进知识的应用，推动语言知识由隐性转化为显性，继而在语言实践过程中内化知识，使自己真正成为知识的"小主人"。

混合式教学模式是信息化时代教学改革的必然趋势，而大学英语混合式教学模式是外语教学与现代教育技术深度融合的产物。但是，要想让已经习惯了传统教师讲授型课堂的中国大学生转变学习方式，就需要有语言学习、应用等方面的支撑，这是有效实施混合式教学模式的关键问题。构建基于大学英语混合式教学模式的实践共同体，为解决这一关键问题提供了有效环境与途径。学生在语言学习的过程中自主交流、相互协作、共享知识，并在语言实践的过程中共享、运用、内化、创新知识，这有助于在线学习和课内教学的有效实施，能切实提高学生的英语应用能力。

第四章 大数据时代高校英语混合式教学模式构建

第一节 基于微课的高校英语混合式教学模式

一、高校英语微课教学体系

随着教育的不断发展，实现教育现代化、提高教学效率、促进我国教育事业的可持续发展已经成为教育工作者必须着重探究的问题。微课作为新时期以信息技术和网络技术发展为前提的新型教学方法，紧跟科学发展和时代发展脚步，结合现代科技实施现代化教学。

由于微课教学能够针对学生当前的具体情况以及大学英语教学内容、教学目标、课程结构设置有效的教学内容，更符合学生的学习需要和教师的教学需求，所以在大学阶段，微课教学已成为教师重点采用的一种教学方法。此外，利用微课教学还能够让学生成为学习的参与者和主导者，满足不同层次学生的学习需求。此外，在大学英语教学中应用微课教学，能够进一步实现教学课堂融合网络信息，为教学理念的进一步发展和更新以及实践提供更多有利条件。

"微课"是指在课堂教学的过程中，教师会把所有的注意力聚焦于其中一个知识点（例如课程的重点、疑点、难点）或者技能等专一的教学任务，并对其开展教学活动时所用的一种方法，这种方法有着清晰的目标、强烈的导向性、教学时间较短等特征。

微课的时间虽然相对而言比较短，但其组成成分比较完整，有主要部分和次要部分。其中的课堂教学视频是主要部分，是组成微课的重要部分，而视频的内容主要包括课堂教学过程中的难点和重点等主要内容，旨在拓展学生的思维，使得学生掌握课堂所学知识的方式变得更容易、更有效。另外，上课前的教学设计和材料课件，课中和课后的测试练习、学生反馈、教师评价等都属于微课的次要部分，这些均是促进微课得到进一步提高的辅助性的教学资源，也是一个非常重要的组成部分。

只有核心部分和辅助部分按照一定的组织关系，有序、和谐地相互配合，共同构建一个半结构化、主题化的资源单元应用的环境，才能使学生的课程更顺利、更有效地进行。与传统单一的教学资源相比，微课的教学资源种类更是各样，但它们既有区别，又有联系。换言之，微课是以传统教学资源为模板，对其进行一些创新和开发而形成的。

（一）微课的主要特点

第一，主题突出、内容具体。每个课程的微课，研究的主题只有一个，选择的主题要始终围绕着教育教学的具体实践，如突破教学难点、教育教学观点、学习策略、强调重点、教学方法等都可以作为研究的主题，同时也可以选用那些具体的、真实的问题。

第二，基层研究、趣味创作。微课的课程对课程开发人员的要求不高，基本上任何人都可以成为课程开发人员。此外，从课程研究与开发的目的来看，是帮助学生和教师紧密联系教学目标、教学内容和教学手段来完成教学。因此，创作的内容对于教师而言，必须是其熟悉的、有趣的、可解的问题。

第三，资源容量较小。微课视频的容量相对较小，其容量（包含辅助性资源）一般仅有十几兆。因此，微课视频不仅可以支持网络在线播放，还可以下载到手机上随时随地观看。因此，无论是教师在线观摩、评课，还是课后反思、研究都是极其方便的。

第四，教学内容较少。微课教学的主线为片段视频，主要对课堂教学过程中的某一学科知识点进行重点强调，而传统的课堂教学一节课需要完成的内容有很多并且比较复杂，相对而言，微课的内容就比较简单、准确、突出主题的速度快，更与教师的需求相适应。

第五，教学时间较短。微课的教学时间是依据学生的认知特点和规律来制订的。由于学生集中注意力的时间相对较短，微课的视频内容相对精确、简单，有着鲜明的主题。因此，其教学视频时间通常为 5～8 分钟。与传统教学相比，微课的教学时间确实非常短，因此也可以称之为"课例片段""微课例"。

第六，教学方式不"碎片化"。虽然微课的视频时间短，每个课程也就研究一个主题，没有复杂的课程体系、教学目标和教学对象，但是，微课所针对的人群就是教师和学生，这是固定的，而且它传递的知识也是具有系统性和全面性的，因此，它并不是"碎片化"的教学方式。虽说微课的视频时间相对而言较短，每个课程研究的主题也只有一个，教学目标、课程体系、教学对象这些都不复杂，但微课是以教师和学生为固定对象，这是不会改变的，且所传递的知识是系统的、全面的，所以其教学方法不是"碎片化"的。

第七，反馈及时、针对性强。微课的视频剪辑时间短。在短时间内，开展"无学生班"活动。参与者可以及时听到他人对其教学行为的评价，并获得反馈信息。但与正常的信息反馈相比，这种听课、评课更为即时，即根据当前内容及时进行反馈。因为这是课前小组的"预演"，每个学生都可以参加。

（二）微课的类型划分

根据教学过程中的主要环节而言，微课可分为：课前的复习、新课的导入、知识的理解、巩固练习、拓展小结。与教育教学相关的其他类型的微课有：说课类、活动类、实践类、班会课类等。此外，根据教学方法来划分，微课还可以分为：探究学习类、合作学习类、讲授类、讨论类、问答类、自主学习类、启发类、演示类、练习类、实验类、表演类等。此外，还需要注意：微课的分类标准不唯一，它可以对应于一种类型的微类，也可以属于两种或两种以上类型的微类组合。微课的类型不是固定不变的。随着现代教学理论的发展，教师的教学方法将不断创新，微课的类型将在教师的实践中不断完善。

（三）微课的设计原则

大学英语教师要适应信息时代的发展和教学模式的变化，必须学会自主设计和制作微课，在这个过程中，需要遵守以下规则：

第一，课程开始时，教师应向学生作自我介绍，使他们对教师有一个基本了解。

第二，切记微课用户是学生，所以在设计和制作时，教师应该考虑怎样的知识和表现方法可以让他们更容易理解。

第三，在课程开始时，教师应向学生明确介绍课程的评价方法，使学生在学习过程中有证据，并根据本节课的教学目标进行学习。

第四，一个微课最好只讲一个相关知识点，所以时间不能太长，要尽量短，以抓住学生注意力的最佳时间，一般要求不超过 10 分钟。

第五，无论讲解怎样的内容，即使很简单，也不要轻易跳过教学步骤。如果课程内容比较复杂，在必要时教师可以向学生提供提示性信息。

第六，为了给学生不同的活动留一个转入的空间和时间，在微课过程中要适当设置暂停，或者后续活动的提示。

第七，对于一些重要的概念，教师需要让学生有一个正确的、清晰的认识，对于它的基本概念和原理都要清楚；对于一些关键技能，也要清楚地告诉学生哪些时候能用，哪些时候不能用，应该如何用等。

第八，只有教师的讲解，会使师生之间的互动减少，并且传统教学模式的缺点也会继续保留。因此，在微课程上，可以允许学生适当提问，但要对所提问题的重要性作出合理安排。这样可以增强师生之间的互动，提高学生的思维能力。

第九，教师不容易说清楚的部分可以用字幕补充，但是不要长篇大论，增加学生的阅读负担，只需列出相应的关键词即可。

第十，当一个课程结束后，教师要进行适当的总结，要达到能帮助学生梳理知识学习的思路，强调知识重难点的效果。

第十一，留心学习其他领域的设计经验，从中找到可以借鉴的创意，进而找到自己的立足点，进行创新。

第十二，细节对课程的影响很大。教师处理好细节可以使整体工作看起来更加完美；反之，会降低微课的效率。

此外，大学英语教师在教学过程中还要充分注意微课的细节，如鼠标不应在屏幕上晃动；字体和背景的颜色要很好地匹配；录制视频要安静、无噪声，保证学生在更好的环境中学习。

（四）微课的评价标准

微课的具体评价标准，可以包括以下方面：

第一，聚焦。在学习过程中，对于学生能够通过自主学习解决的问题，教师就不需要制作微课程了；而对于那些不经过老师讲解，通过自主学习无法解决的问题（如重点、难点或者易错点），是制作微课程的一个重要方面。

第二，简要。在传统的课堂上，虽然一堂课有 40 或 45 分钟，但学生真正专注的时间并不长。因此，要想使这种低效的教学模式有所改善，微课程应该准确把握学生注意力集中的最佳时间段，简单、明了地总结要讲的重点和难点以及需要重点强调的知识点，时间不得多于 10 分钟。

第三，清晰。微课程通常包含文字、图片、视频图像等很多形式的内容，其中包括视频内容的学术语言。要使学习内容清晰、完整地呈现在学生面前，达到良好的学习效果，就必须规范、合理、清晰。

第四，合理。技术的合理使用有助于提高学生的学习效率，但技术的滥用也会使学生的注意力有所分散，产生不良影响。因此，在技术选择上，应针对不同的课题选择合适的方法和途径，使信息技术得到合理的利用。

第五，创新。对教育结果有所影响的因素有很多，如教育理念、教学模式、教学策略、运用技术等。因此，还应多角度考虑创新，使学生的学习兴趣得到激发，有助于学生对学习内容进行更有效的理解。

（五）微课的教学策略

微课是大学重点推广和全面运用的一种教学方法，大学英语教师需要在教学中，充分掌握微课的特点内涵以及对英语教学工作开展的重要性和必要性，从而制定有效措施，提高自身职业素养和专业技能，实现微课在大学英语教学中的应用。

1. 创新英语微课教学的设计

（1）大学英语教师应树立正确的微课教学观念，明确微课的教学目标，明确微课作为一种全新的教学工具，通过教师转变传统的教学理念，寻求正确的方式和方法，充分利用微课优势，使用计算机资源搜集相关信息，对信息进行整合设计，结合大学英语教学目标，将知识以更加新颖的方式传递给学生。

（2）教师应灵活运用多媒体技术，对英语教材进行深入研究，找出英语教学中的难点和重点，对教材内容进行分解组合，将每一个知识点进行有效串联，从而制作出符合学生学习需求的微课。

（3）教师应充分利用微课创设有趣的教学情景，立足学生的学习兴趣和英语教学目标，实现学生在"学中做""做中学"。例如，教师可以针对课前课程导入、课中学习以及课后复习三个层次，利用微课声音、图片、影像的方式创建相应情境，让学生在情景中，在不同的阶段进行英语知识的学习和理解。

2. 完善英语微课教学的模式

具体而言，微课的教学模式主要可以分为共享式的资源运用、网络化的教学实践以及多元化和全面的评价反馈。

（1）共享式资源运用。在大学英语微课教学中，大学英语教师应该充分掌握微课教学模式，对相关教学资源进行有效把握，将微课理解成为一种资源的整合。根据实际教学内容以及学生的学习需求，整合当前网络中的各种信息，通过截取后期制作的方式，使网络资源和教学内容实现有机结合。例如，在进行语法教学过程中，教师可以在网络上截取合适的语法教学资源作为课件，通过学生当前的英语学习状况，根据不同的语法知识点收集不同的资源，使英语语法的呈现更加多样化、系统化、科学化、形象化和具体化，让学生在学习相关语法知识时有更多的参考依据，让学生能够在丰富的资源中进行英语知识的学习。

（2）网络化教学实践。立足于互联网大背景下的英语教学，使学生能够利用手机等智能终端应用学习软件，在这些设备的辅助下，让学生进行英语知识的学习，让大学英语知识的学习走出课堂，真正进入学生的课余生活中，甚至是学生今后的社会生活。

（3）多元化和全面的评价反馈。任何一种教学模式都必须实现信息的双向交流，具体到英语教学中，是指英语教师和学生之间的交流、教师对学生的评价、学生对教师教学方法的反馈和评价等，通过构建双向的信息交流，使评价更具多元性、具体性和科学性。

3. 提高教师微课运用的能力

微课教学不仅是一个简单的视频，还是融合所有对课堂教学有利的资源整合，英语微课在制作过程中必须体现出大学英语教师的专业素养。例如，对于"company"单词的教学，教师在制作微课时，可以分别对商号、公司、聚会、客人、连队、中队等不同的词义制定相对应的教学视频，只有专业的讲解，才能够凸显教育资源的积极作用，让学生更好地理解，促进学生的英语专业学习和英语实践。

总而言之，大学英语教学中，充分有效地运用微课教学方式非常重要。微课教学是创新大学英语教学方法的有效措施，教师需要设计精巧的微课课件，激发学生的学习兴趣，从而获得更好的大学英语教学效果。

二、基于微课的高校英语混合式教学模式构建

"互联网+"时代的到来，推动现代化信息技术不断发展，"互联网+教育"的教学模式打破传统教育的时空界限，为大学英语课堂教学开辟了更多教学途径，微课的混合式教学模式更具实效性，为大学生提供了互动式的教学情境，激发了学生学习兴趣。因此，大学的教育教学改革应当提升到改革战略位置，通过信息技术与课堂教学的融合，推动大学英语课堂的高效构建。

（一）基于微课的高校英语混合式教学模式构建意义

第一，培养学生兴趣，增强学生自主学习能力。微课的大学英语混合式教学模式通过发挥学生的主观能动性参与合作探究、巩固所学、反思总结，对于培养学生的自主探究能力、拓展思维空间能力具有重要现实意义。学生可以根据自身实际需求和时间合理安排微课学习时间，以网络平台为导向的"线上+线下"的大学英语混合式教学模式将素质教育作为重要导向，重点培养学生的英语实际应用能力和专业技能，促进学生思维、品质、综合能力的提升。教师借助PPT微课、慕课、蓝墨云班等教育资源，提供自主学习相关知识，更好推动线下教学的改进。

第二，促进教师角色的转变，加强课堂的互动。教师作为传统的课堂教学中知识的传授者和主体，学生被动地接受知识灌输。在微课的混合式教学模式下，教师逐渐转变自身角色，准确定位自身位置，在课堂教学中增设更多互动性环节，促进师生之间的沟通交流，从知识的主体者转变为课堂中的引导者和解惑者，注重问题的引导，逐渐推进大学英语课堂教学向互动型模式转变，推动大学理论教学与实践教学的有效衔接，带动学生课堂学习的参与度和积极性，有效提升了学生的学习能力和兴趣。

第三，推动教育教学体系的改革，注重专业人才的培养。基于教育教学改革的不断推进，大学教育教学改革步伐不断向前推进，将专业人才的培养作为教育教学的最终目标，在微课的混合式教学模式影响下，促进大学英语课程体系的构建，丰富大学英语教学资源，加快转变教师的教学模式和教学手段，促进课堂教学的多元化，结合学生兴趣爱好和专业实际进行课程设计，更好实施教学任务，从根本上推动教学课程内容的改革，促进大学生英语学科核心素养的形成。

（二）基于微课的高校英语混合式教学模式具体构建

1. 英语课前准备

在传统教学模式的基础上，教师在开展微课的混合教学模式时，对教学环境、教学对象、教学内容进行实际分析，课程设计尽可能结合学情特点，熟悉多媒体设备。明确掌握

大学生的个性化特征和英语基础水平，组织开展学生座谈会，了解学生内心真实想法和英语学习需求，从而明确制定教学方案和教学计划，以期通过微课导课的教学方式提升线下课堂教学效果。

在大学英语课堂具体教学中，教师利用微课辅助教学，通过转变教学方法，加强学生的课上体验、问题引导、课内体验、课堂提升等环节，加强课堂互动效果，培养学生的学习兴趣，结合微课视频带给学生直观的视听感受，加深学生对知识的理解记忆。通过教师的课堂引导，积极思考探究，整个课程设计需要教师和学生做好充分的课堂准备，包括教学设计、微课制作等，进一步探索大学英语课堂中课题漫谈的可实践性，不断推动大学英语课堂教学向多元化方向发展。

2. 英语线上教学

线上教学作为线下教学模式的延伸，促进学生和教师相互配合，共同参与完成教学任务，教师将制作好的教学视频上传到班级的 QQ 群、微信群、蓝墨云班课等网络平台。根据具体教学内容布置教学任务，学生在线上学习过程中能够随时进行提问，教师要及时给予问题反馈、线上答疑，并根据学生的阶段性学习情况进行归纳总结，及时调整线上教学中的不足之处，并且教师可以通过设计任务点进行学生学习进度的跟踪，明确掌握学生的学习动态。

3. 英语线下教学

线下教学较比传统教学模式更具灵活性，学生通过线上视频的反复观看、巩固课上知识，通过回顾课堂小结、突出重点问题，强化学生已有知识，并且加强学生之间的沟通交流。在微课课后内容设置上，结合学生能够接受的难易程度进行课程调节，加强知识的横向、纵向延伸，增设专业前沿知识，激发学生课后对知识的探究欲望，在微课的实践应用中，可以通过示范演示，加强学生对知识要点的归纳。

4. 英语评价反馈

教师在作业布置上可以将线上作业与线下作业相结合，对学生的作业进行批改和点评，评价机制作为线上线下的混合式教学模式实际的应用效果，能够在学生的不断探究中弥补不足，促进线上教学模式的健康长远发展，为线下教学的顺利开展夯实基础。

（三）混合式教学模式下高校英语微课教学研究设计

1. 通过微课制作能力增强学生学习效果

基于微课设计的技术性要求，教师要全面培养自身的信息化素养，善于利用信息技术进行课程设计，确保熟练掌握数码摄像机、手写板等微课制作设备以及一些常用录课软件操作方法，在微课录制时，要充分体现内容小而全的特征，将教学目标与教学资源相结合。通过在线录播形式，充分体现教学资源的时效性，并为学生布置好学习任务，加强学生的自主探究、协作探究能力，全力营造线上个性化教学环境，在信息技术支持下为学生提供多元的英语学习渠道，有效实现线上的互动交流，加强师生之间友好关系的建立。培养学生自主学习能力的同时提升学生英语表达能力，提升英语在生活实践中应用的重要性，学生之间通过英语话题讨论加深协作探究解决问题的能力，并实时实现在线资源共享，通过课题资源分享，有效整合信息资源，提升微课学习质量和效果，提升线上参与学习的活跃度，更好丰富学生的知识结构，顺利完成英语课程预习、学习。

2. 微课混合式教学模式的设计与运用

构建基于微课的大学英语混合式教学流程，通过课题研究促进学生综合能力的提升，将教学流程作为教师的课前制作、教学素材准备、任务设置、自主学习，通过课题的实践探究解决实际问题，加深学生应用能力的提升。为更好满足大学生的个性化发展需求，在整个资源建设中，教师要自主开发、明确线上教学目标，设置好问题，做好课前准备，利用微课进行课程设计和制作。在微课制作上要控制好时间，片头尽量简洁、大方，利用信息技术进行内容加工，确保学生能够准确抓住课题重点。微课的内容要结合图片、文字、动画，为学生营造一个良好的线上学习氛围，突出教学的重点和难点，帮助学生梳理思路，从多方面进行大学英语话题讨论，试图从多个角度构建知识体系的理论框架。

利用互联网平台为学生提供课题的探究载体，教师将制作好的课题资源上传到平台，保证课题内容明确、清晰明了，学生能够进行自主探究和学习，结合教师的问题设置，学生可以自行收集资料、整理资料，实时进行线上问题探讨，便于学生勇于表达自己的疑惑，教师利用线上平台以对全班学生的整体探究情况进行详细的掌握，并针对重难点问题进行讲解，增强学生线上课堂学习效果，确保学生通过微课学习不断提升自身的学习效果和学习质量。

基于智能时代的到来，学生通过移动端可有效进行线上交流，将绿洲农业的生态、经济、社会协调发展为主线，在教师引导下按照定量分析法进行分析，在学校方面的支持下，组织学生进行校外农业基地的观摩，详细了解农业灌溉技术要点，从而对绿洲农业的可持续发展有更全面的了解，加强课题研究结果的论证。

3. 混合式教学评价在微课教学中的运用

教师在课题研究环节要结合混合式教学模式的设计步骤加强学生学习全过程的评价，常见的评价方式有学生自评、生生互评、教师评价，在微课的具体评价过程中，主要是通过学生的自主学习和协作形式完成，通常学生在线讨论结束后，教师要给出客观评定，以鼓励为主，增强学生学习的积极性和热情。并通过生生评价方式促进学生之间的互动交流，提升大学生的团结合作意识和团队精神。确保学生通过混合式教学模式，构建完善的英语知识结构，从而更好解决实际教学问题，加强大学生的口语表达能力，教师可以通过设置在线对话交流模块，激发学生逻辑思维能力和良好的创造能力，鼓励学生用于表达，积极表述自己的见解和想法，确保学以致用，并能够有效提升问题的解决能力，从而更好应对线下课堂中的重难点知识，通过评价机制的有效建立，大学生能够更加客观辩证地看待自身英语学习中的不足之处，通过"线上＋线下"混合模式的学习，深入了解学习困境，并有效利用线上课程学习培养自身英语素养。

教师通过构建系统化的评价机制，保障师生间的交流畅通，能够根据学生线上课题研究情况进行实时动态监控，将学生课外的学习情况纳入课程考核中，实现学习效果的评价，通过微课的大学英语混合式教学模式的转变，培养了学生散发性思维能力，在教师的引导下，学生积极思考、共同参与，帮助学生牢牢掌握课外知识，学生通过主动思考、质疑、答疑，完成知识内化，不断提升自身的批判性思维能力，通过案例分析，教师进一步了解学生的学习情况和英语实际应用能力，在情景化教学模式下，经过同学间的协作讨论等多元化的、混合的教学模式，学生获得了良好的学习效果。教育资源是引领大学英语高校开展的重要媒介，丰富的教育资源实现线上线下大学英语混合式教学模式的有效性，提升了教师的教学效果。同时，教师要加强课堂中传统文化的渗透，不断培养大学生人文情怀，基于对大学英语课程知识角度，将相关文化内容有效融合，促使学生对英语文化的认知，加深英语知识内涵的理解，有效提升大学生英语语言表达能力的提升，促进大学生综合能力的提升，推动大学生身心全面发展。

综上所述，信息技术的快速发展为微课的混合式教学模式提供新的教学契机，通过将线上教学资源＋线下资源的融合，增强学生英语兴趣，提升大学生的综合素养，能够有效促进学生全面发展。"通过微课对课程的课前设计、课堂设计、课后延伸，有效转变了教师的教学模式和教学手段，采用多元的教学方法，为学生提供口语表达平台，将理论与实际进行有效衔接，促进大学英语教育教学改革。"[①]

第二节　基于慕课的高校英语混合式教学模式

一、高校英语慕课教学体系

慕课的出现，为大学英语教学改革带来了机遇。慕课一个比较大的优势就是资源的免费，那些无法享受到高质量教学资源的学习者就可以借助慕课平台完成相应的学习，同时，其还可以根据自己的学习进度与学习能力制订学习计划。学习成绩好的学生可以搜索更难的资料以实现自己的进一步成长，而成绩相对不好的学生则可以通过搜索简单的资料巩固基础知识。

---

① 唐彬.基于微课的大学英语混合式教学模式研究［J］.湖北开放职业学院学报，2020，33（16）：158.

相比视频公开课等其他在线教育模式，慕课有着三方面特点：第一，慕课课程规定有严格的学习时间，课程上传完成后，学习者必须准时完成章节学习及其配套的作业、考试和互评等；第二，慕课的教学资源需要精心准备，资源内容比较丰富，选择多，精心准备的资源能确保课程的顺利开展；第三，正式的考评认证机制，与其他网络教育模式不同，慕课课程的考评机制比较正规，因此可为学习者提供学习成果的相关认证，在院校、企事业单位等具有很高的认可度。

（一）慕课的基本特性

1. 自主性特征

慕课网络课程学习的全过程就是在线完成的，具体而言，就是事先录制好视频，然后上传到网络平台，学习者通过搜索找到自己想要了解的那部分资源进行在线学习。此时，学习者的网络在线学习是可以不接受教师指导的，具有很强的自主性，他们借助网络可以自行在慕课平台上寻找自己想要的资料，这样慕课平台就推动了学生的个性化学习，同时，也有利于学生自主学习能力的提高。另外，慕课还有一个比较大的优势，就是其可以将学习者的碎片时间进行最大效率的利用。

2. 互动性特征

与传统课堂教学相比，慕课在线网络课堂教学这种网络教学模式有着其突出教的优势，因此，一经推出就获得了许多学习者的喜爱。慕课在强调学习者自主学习的同时，也强调互动，因此，慕课平台上会有许多的线上交互工具，例如人们熟悉的留言板、问答社区等，当学习者对某一知识点产生疑问时，其就可以通过线上交互工具向资源上传者或者同类知识学习者提问，在获得答案之后，也可以与其一起讨论，这样学习者就能更加高效地丰富自身的知识结构体系。

3. 开放性特征

传统课堂教学相对比较丰富，慕课由于依靠互联网，所以其学习资源具有很大的开放性，所有资源都是面向所有人的，只要是网络平台上的用户都可以下载相关资源。在慕课平台上学习的入学门槛不高，只要有网络，平台上的免费资源都可以供学习者学习，这为那些身处教育资源较少地方的学生提供了更多的、高质量的学习资料。学习者只要热爱学习、拥有网络，那么就能随时随地学习。需要注意的是，学习者在慕课平台上下载学习资源时其实是一个知识的消费者，而当其向平台上上传资源时其就成了知识的生产者。可见，从本质上而言，慕课确实是一个比较开放的学习平台，所有学习者都可以在上面获取、整理以及分享知识，它满足了人们在信息时代与知识时代的双重需求。

4. 大规模特征

慕课是一种网络教学模式，它在网络教育平台上有着大规模的特征，这种大规模主要体现在三个方面：第一，参与课程的学生数量比较多；第二，由于用户可以随时随地上传数据，因此平台数据量颇大；第三，参与慕课课程建设的高校以及教学团队较多。传统课堂的场所就是学校的教室，教学场所固定、有限制，这就对参与教学的人数有了限制，但在慕课在线网络课堂上，学习者的人数是不会被限制的，只要有网络，全世界范围内的人都可以在相应的网络平台上选课学习。慕课能为学习者提供海量的学习资源，它包括社会科学知识，也包括理科知识，能为不同专业的学习者提供学习指导。

（二）慕课教学的优势

随着慕课模式在全国高等教育领域的深化普及，其强调自主学习为主的教学理念在潜移默化中改变着高校的教学方式。慕课热潮的来袭有助于推动高等教育的内涵式发展，为社会培养应用型复合人才。相对于传统课堂教学模式和一般的网络课程，慕课主要具有以下优势：

1.带来广泛、优质、模态化的教育资源

慕课的显著特征主要表现在三个方面：①大规模、开放性。慕课打破了常规教育的人数、时间和地域限制，学生不必严格根据课程时间安排到特定的实地课堂中接受教师传授知识，既支持学生随时随地随身学习，又支持大批量学生同时段学习，从一定程度上有效激发学生的学习热情和兴趣，能够更加积极主动地投入学习中。②资源透明性。慕课课程的学习内容全凭学生爱好与需求自主选择，可以在特定时间段内完成学习过程、提交随堂作业、参与知识考核，而且一切的教学资源都是透明公开的，整个学习考核过程公平、公正，对所有学生一视同仁。③资源丰富性。慕课基于全球互联网平台搭建而成，汇聚世界范围内的各类优秀教学资源，信息庞大，内容丰富，学生简单注册账号以后，可以免费享用资源，足不出户就能享受到世界名师的指导。

慕课课程内容打破了传统学科限制，强调知识信息的综合性、实用性和普遍适用性，从各个领域的先进理论、实用性知识到各种生活健康常识等应有尽有。同时，有效实现各个高校之间的资源互通和互补，促进顶级高校资源向普通高校的共享流动，弥补我国高校资源分布不均的现状，更有利于人才综合素养的提高和高等教育的整体性发展。例如，普通高校可以通过注册北大慕课平台，获取其优秀的教学资源。慕课课程的大力开发，将极大改观现有教学观念和教学模式，极大地促进应用型高校的教学水平。

慕课课程的内容通常利用视频形式体现，由相关专业的教师团队经过反复斟酌、精心研究确立而成。大多数的视频主讲教师都是知名学校的顶尖教师，雄厚的师资力量确保了其课程内容设置更加合理，讲解质量更好，学生接受度更高。

慕课的课程设计有效利用模块形式，体现出各个课程的特色。把完整的知识体系按照内容分解成一批相对独立的小模块，让内容条理更加分明，且重点突出，一目了然，并借助 10 分钟的视频，将其具体表现出来，有效集中学生的学习注意力，帮助学生更好地理解和记忆知识。

2. 体现以学生为中心的教育理念

（1）兼顾不同学习能力。传统课堂教学着重强调教师的"教"，教师按照统一的课程内容和进度要求一对多地进行知识的讲授和传输，这种教学模式难以顾及每个学生的能力和需求。慕课则不同，学生可以自主选择与自身能力相符合的课程知识，自己安排学习计划和进程，还可以重复回放视频课程，反复学习知识难点和重点，进而提升学习效果。

（2）满足不同学习方式。慕课的学生用户可以利用特定的论坛、网站等平台，与教师和其他学生进行实时交流和互动，互帮互助，一起解决学习过程中遇到的困难和问题。同时，利用课程视频中的测试题、线上测试题、线下作业等方式检测学习效果，强化知识的理解和记忆；利用教材注释、虚拟实验室等辅助工具，随堂记录课程内容和学习心得，对需要做实验的课程进行在线模拟实验；利用教师、其他学生和自己的评价综合考虑学习结果，及时发现不足，有针对性地修改，从而不断提高学习效果。

（3）随时随地灵活选择。传统教学方式有严格的课程安排和时间、地点规定。慕课完全打破固化模式，课程时间比较灵活，且没有地域限制，学生可以根据自身需求自由规划学习时间，确保在相对良好的环境下完成学习。

（三）慕课教学的功能

第一，根据学习者慕课学习情况，适当调整课堂教学内容。慕课的一大特点就是允许学习者根据自己的实际情况制定学习计划。具体而言，可以在三个方面做出改变：①教师要关注学生在慕课课堂上的表现，对于学生在课堂上提出的问题要能够给予及时的解答；②教师要主动进行调研工作，总结学生在英语学习过程中遇到的问题，找到解决之策，从而在后续教学过程中对不同的问题予以适当强化；③在慕课课堂上，学生的作业评价主要是通过其同伴来实现的，但学生一般都非常希望教师能给予自己合理的评价，因此，教师应该在以后的慕课教学中，多给予学生作业适当的评价。

第二，依托国际慕课，激励学生学好大学英语。语言障碍一直都是学生无法较好地完成慕课学习的原因。所以，英语教师应该抓住解决这一问题的机会，鼓励学生积极学习国际慕课，这样，学生英语环境有所改善，其英语水平也会有质的提高，更是会激起其学习英语的兴趣。

第三，根据慕课课程需要，适当调整大学英语课程体系。每个高校可根据自身发展以及学生对慕课学习的热情状况，设置"大学通用英语＋大学英语后续课程"的课程体系。

（四）慕课教学的问题

慕课虽然拥有开放性强、资源丰富、能够不受时间地点限制地满足学生学习能力和方式上的个性化需求等诸多优点，但也存在一些问题，具体表现在以下三个方面：

第一，要求学生有高度自制和自控能力。慕课课程的学习全靠学生的自主能动性，无论是课程的选择、学习过程的坚持还是作业的完成、后期的强化训练等都由学生决定，缺乏外界有效的监督，大部分学生没有这方面的自控能力，难以约束自己坚持学完一门或所有课程。所以，平台学习缺乏持续性这一问题长期普遍存在。

第二，情感交流和社会关联不足。慕课在互联网平台基础上，有效利用形式多样的社交工具，实现教师与学生、学生之间的互动与交流。但是，这种线上互动的方式永远无法替代人与人之间面对面的情感沟通，难以拉近心与心的距离。然而，"交心"的师生情感和同学情感对学习效果的提升和学生人际交往能力的培养都具有至关重要的作用。慕课平台用户规模庞大，甚至可达十几万之多，此种情况下，即使尖端的社交工具也无法帮助教师照顾到每位学生的个性和情感需求；同学之间利用社交平台进行交流互动，多数只停留在知识层面，缺乏深层次的情感交流，也无法建立亲密的人际关系。

第三，缺乏系统化课程体系。慕课在当前情况下，主要发挥知识资源集聚互通的作用，还没有根据社会和专业需求形成系统化的课程体系。由此，其颁发的代表学习成果的证书等都缺乏一定的含金量，也难以有效促进学生系统知识的掌握和综合能力的提升。出于教学需要，系统的课程知识体系会被分解成大量的小模块，制作成微视频，此种形式虽然能够帮助学生更好地掌握单个知识点，但也容易形成"知识碎片"，限制学生对知识体系的完整驾驭和综合应用。

（五）慕课教学的适用性

慕课的出现，有利于转变我国当下高等教育人才培养模式，所以在实践应用中要严格遵循适用性原则，充分结合不同高校的实际情况和不同学科的专业特点，有针对性地量身制定教学模式与应用方式。

1. 不同类型高校采取不同慕课策略

综合性的研究型高校，不但要充分利用慕课提供的世界各地优秀教学资源，而且要自主创新和开发品牌课程参与慕课平台上，供别人学习交流。普通高校主要是学习和吸收慕课平台上的优秀资源，并将这些教学资源有效应用到自身教学工作中，提升整体教学质量，继而利用应用型高校的学科优势创新和开发部分专业实用性课程参与慕课平台中。

2. 慕课模式对不同学科课程适用性不同

目前，慕课的某些设计还无法满足高校所有学科复杂的知识结构体系和特殊的思维能力要求，并不是对每个学科都适用，其对高校学科课程的适用性主要包括以下方面：

（1）理论课程。慕课网络课程有利于先进理论教学资源的共享和交流，从而有助于更好地优化理论课程设计，提升教学质量。但难以适用实践课程，因为实践课程对现场实验和调研等实地操作方面的要求较多，在实践中才能够更好地提升学生的专业技能。慕课虽然有在线模拟实验室功能，但学生无法真实地感受，教学效果往往会达不到好的效果。

（2）程序化的学科课程。慕课模式比较适合结构化知识的传授，要实现相对高层次、高难度的数理推理和逻辑思维能力培养等课程的效果较为困难。

（3）外语类和双语教学课程。因为当前慕课平台的授课用语基本上都是英语，中文只出现在极少部分课程的字幕中，有利于学生在获取专业知识的同时，接触和学习纯正的英语。但是，这种语言运用方式也在一定程度上限制了慕课其他课程在我国更广泛地推广和普及。

慕课优势明显，但也存在很多不足，需要全面、客观地认识和研究，有效借鉴和引用慕课的优势资源及课程设计等优点，尤其是正处于慕课筹建阶段的应用型高校更应如此。各个高校要以慕课为契机，着力推广"线上＋线下"的混合式教学模式，促使学校和教师改变传统的教学观念，正确认识在线教育的优势和意义，从而更深刻地领会高等教育的发展方向。

应用型高校要从理论、技术、创新应用和可持续发展等体系入手，全面、系统、深入地推进混合教学改革；充分借鉴慕课经验，构建更加开放的教育体系，深刻理解和贯彻自身职能。慕课也有助于高校进一步利用现代信息、新媒体、互联网等高新技术平台，更加全面深入地优化整合"线上＋线下"教育模式，充分集聚和共享多方优势资源，更好地服务社会。应用型高校可借助慕课这一全球化资源平台，加强国际合作与交流，实施国际化协作办学策略，在互联网生态圈内不断深化高等教育改革，培养能力更强、综合素质更高的应用型人才。

（六）慕课教学的系统分析

1. 课前知识传授

（1）大学英语教师应选择或制作合适的课程资源。大学英语教师要对英语单元教学目标与学生的特征进行必要分析，然后对知识点进行解构，进而再去选择课程资源，因为这样选择的资源会比较与教学目标与内容相一致。教师设置的微视频不能太长，时间控制在 5～15 分钟，这样的长度非常有利于学生集中注意力。在安排学生作业时，要保证作业的难度适中，太难会打击学生的学习积极性，太容易则不利于其问题思考能力的提高。

（2）学生自主观看慕课视频。教师向学生提供的慕课视频都比较短，且为了检验学生的学习成果，一般都会在课程中间穿插一些小测试，这样学生就能清楚地了解自己的学习状况。此外，时间不长的短视频能时刻保证学生有着较为集中的注意力，当其遇到问题时，其也能进行自主思考，这样就能加深其对知识点的了解与记忆。在学习英语慕课课程时，大学生学习的地方并不固定，只要有网络，大学生可以选择任意地点，可以是学校机房，也可以是宿舍；慕课课程学习的时间也不是固定的，学生可以充分利用自己的时间进行英语慕课课程学习。

（3）学生自主完成随堂测试。为了巩固学生观看慕课视频的学习成果，英语教师还要为学生设计好相应的测试题，布置合理的作业。在测试部分，教师应多为学生提供一些客观题，而测试的具体施行可由大学英语课程系统完成。当结果出来后，学生就能了解到自己知识点薄弱的地方，然后需要通过回看视频完成知识点的再次学习；在作业部分，教师应多为学生提供一些主观题，大学英语课程系统对学生进行随机分组，组内学生之间进行互相评价，进行点评，从而加深对重点知识的理解和深化。

（4）互动交流。利用大学英语教学平台提供的交流工具，学生不仅能够完成与本校师生的互动交流，而且还能完成与外界学习者的互动交流，这样学生的学习眼界得以开阔，发散性思维得以形成。教师在互动交流过程中发挥重要作用，教师需要发挥自身的社会临场感作用，不断提升学习者的凝聚力，加强他们的归属感，这样教师与学生、学生与学生之间就能实现良好的互动，学习者的学习也将会是一种快乐的学习。学生与教师进行互动，可让教师为自己答疑解惑，与其他同学进行互动，可学习到其他同伴好的学习方法。

2. 课堂知识内化

在课堂知识内化的教学环节中，英语教师主要采用的教学方法是任务驱动。该方法的形成以建构主义教学理论为依据，特点为教学的全过程都充满了各种各样的任务，教师在其中发挥主导作用，学生发挥主体作用，这一教学方法对学习者而言意义重大。

（1）教师补充讲授。英语教学平台上的视频不可能与教学目标达到一致，因此，英语教师在开展慕课英语教学时，必须要结合英语教学目标，对教学内容做适当的补充。

（2）确定任务。英语教师不仅要考虑英语单元教学目标与重难点，还要考虑学生自主学习的能力与现状，在课前完成任务设计，任务不仅要具有挑战性，而且还要具有探究性。教师需要根据学生特点对其进行分组，每组人数可以控制在4～6人，组内成员一起讨论需要完成的任务。

（3）任务探究。小组内部通过对任务进行分析确立各自的任务。任务的分配与完成有两种情况：第一种情况是，如果任务所涉及的范围比较广，就可以将其进行分解，得到一些小任务，组员就可以单独负责一个任务；第二种情况是，如果任务并不好划分，那么，每一位组员都可以对任务进行整体探究，然后将探究的结果整合起来即可。第二种情况不仅能体现大学生学习的主体地位，而且还能培养大学生独立分析、思考与解决问题的能力。任务探究最重要的还是组内成员之间的协作探究，协作不仅能培养大学生的创新与批判思维，而且还能提高学生的沟通能力，增强凝聚力。

（4）成果展示。在学生完成任务探究之后，还要进行成果汇报与展示，这是可以在组内推举一人进行汇报，也可以每位组员轮流进行汇报，具体采用哪种方法，可由各组商讨后决定。

（5）评价反馈。英语教学评价是由教师与学生共同完成的，评价内容不仅包括学生在进行英语慕课课程学习之前的自主学习情况，而且还包括学生在任务探究过程中的表现等。英语慕课课程评价的结果与传统英语课堂评价结果结合起来，就能更加全面地反映学生的英语学习情况以及教师的教学情况。

3. 课后知识拓展

经过课前知识传授和课堂知识内化两个阶段的学习，学生基本上可以掌握大学英语基础理论知识，达到大学英语课程的基本学习目标。在通过英语教学平台上的相关技能与过关测试后，学生就会自动获得英语课程自主学习部门的相关学分。大学英语教师对学生的英语学习情况进行恰当点评之后，可选出比较优秀的学习成果在教学平台上向所有学生展示；还可以继续搜集更具挑战性的学习任务，鼓励学生超越自己，继续完成任务，这样学生的英语知识在得到巩固的同时也实现了拓展。

慕课最终目的是帮助学生将学到的知识更好地运用到生活实践中，从而培养出对社会真正有用的应用型人才。实践拓展是课堂教学的延伸和拓展可以采用的形式有学习／研究成果分享、知识／技能竞赛、社会实践体验等。成果分享主要是学生个人或团体将自己的学习感悟、研究成果等内容利用短视频、论文等形式上传到网络上供社会检验和学习。在这一知识创新和再创造过程中，学生能够不断加深对知识的理解，培养实践技能。学校和教师通过开展一系列的竞赛、实验、实践等活动，将活动的优秀成果计入学分、加入学时等形式，激励学生积极参与，从而在实践中不断提升知识应用技能和创新能力。例如，对于外语类课程，可开展英语演讲比赛、英语情景剧比赛、担任兼职翻译等实践活动。

（七）慕课教学的创新

慕课教学实现了高水平大学教学资源受众的规模化和全球化，拓展了传统高等教育的知识传授链，同时慕课教学模式具有小视频配合相应的即时在线测试开展课程教学，模板化的课程结构易于工程化复制等独特优势，可以预测慕课教育将对应用型高校整体办学水平、教学模式带来质的变化。

随着慕课的快速推进，给高校的课堂教学改革带来了新的机遇和挑战。要求管理者要搭建更高效的资源共享平台促进课堂教学。教师需要重建课堂教学理念，确立新的教学目标，重新组织课堂教学过程并更加注重过程化、多元化的考核方式。与此同时，教师要做好由同一化培养到个性化培养的转变，由课堂教学到多平台教学的转变，由单行灌输到多向互动的转变，由人工教学管理方式向智能化教学管理方式的转变。

1. 创建有效平台，强化教学资源共享

慕课是新近涌现出来的在线课程开发模式，发端于过去的发布资源、学习管理系统以

及将学习管理系统与更多开放网络资源综合起来的旧有课程开发模式。慕课的定义决定了慕课的运作需要借助平台运行，而社会层面和学校层面两个平台很重要，两个平台的良好运作有助于促进优质教学资源在全社会范围内共享，有利于实现教学改革目标。

（1）搭建慕课平台。由于师资力量不同，普通高校和名校之间的差距越来越大。如何实现我国整体教育质量的提升是目前教育界的主要工作。开展慕课建设，推动课堂教学，可以实现区域高等教育水平的整体提升。搭建以慕课联盟为基础的学习平台，要摒弃以往资源共享会削弱自身教育实力的观念，在资源共享过程中不断增强教学优势的互补，以实现共建、共享的教育科学理念。

第一，搭建学习平台，要做好平台搭建的铺垫工作。教学平台的搭建是区域高校共同的工作，不只是具有优质教学资源的高等院校责任，相关地方政府也应在教学资源共享方面给予支持和保障。教育平台的搭建还需要一定的技术支持，根据国家相关建设标准，采用现代信息技术，增强学习平台的功能性。高校最终还是需要回归到学分认证，需要平台规范统一教学内容和要求，有了教学基础才能公平认证。

第二，丰富教学平台资源。高校相关教育工作者要不断研发自生资源，不断加快自主研发网络课程资源步伐，引进优质资源和自主开发优质资源同步进行，在平台上运行。学生在选择性上也有多种可能，而自主研发课程资源更能有效地针对不同学生因材施教，需要各高校鼓励开发自主课程，尤其是高校中专业课知识性比较有针对性的课程，而公共课程和选修课等共性较多的课程相对而言更容易开发。

（2）加强校内网络平台建设。从目前来看，在各级政府投入和高校自身争取下，各高校分别建立了属于本地区高校的慕课平台，但是内部网络建设水平仍有待提高。

第一，实现网络在线教学平台和数字化对接。现在，各高校内部具有网络化的财务缴费系统、图书馆信息系统、教务管理系统、网络教学平台系统等，由于这些系统分属于不同管理部门负责，相应的技术标准和公开程度不尽相同，学校加强网络在线教学平台和校内数字化平台的衔接，可以避免师生重复身份验证工作，促进各部门之间工作的相互协调。校内网平台应及时和校园数字化平台对接，形成信息共享，避免反复混乱，在统一体系平台下，学生和教师在完成身份认证以后，可以完全享受资源的服务与便利。

第二，当前教学平台应用范围还有待扩大。学校可以通过建设相应的教学平台激励政策，鼓励师生参与网络平台教学中。此外，学校应加强相关宣传，宣传网络在线学习平台的优势和平台使用说明，同时为学生网络在线学习提供便捷条件。例如，电子信息阅览室、校园内部实现网络全覆盖等便捷的网络条件，可以为教师和给学生提供便利的网络学习条件，是高校现在有条件也应该要达成的。

第三，慕课平台的管理需要完善。完善相关规章制度和管理办法，及时更新网络教学资源，做好网络教学平台管理的服务工作，保障网络信息安全。平台的管理需要完善的系统，新事物的出现总需要新的管理为其服务。完善相关制度和管理办法，可以保障慕课平台的规范性，及时更新网络教学资源，有助于保持师生的积极性，而没有更新的网络资源会影响教师上传教学视频的积极性和学生学习的趣味性。实时更新教学资源，能够有效保持慕课平台的正常运行，最关键的是保证网络信息的安全，设立网络巡视制度，坚决杜绝网络不良信息在校内资源的传播。

2. 加强过程评价，重视实际教学效果

在慕课时代下，高校在课程改革过程中应注重评价方式的多样化。

（1）重构课堂教学目标。慕课背景下，学习由于可以不受时间、地点限制，学生通过网络在线学习平台提升自主学习能力，实现教学目标。传统的教学课堂只是单纯地在课堂或者单一时间内把知识和技能教给学生，学生的长时记忆受到限制，不利于学生对知识和技能的消化。慕课背景下，翻转课堂成为可能，学生可以不受时间限制，课上不理解的内容可以在线上反复学习，教师的互动交流也成为可能，反过来学生在线上的学习也可以拿到课堂师生共同学习。

（2）重构课堂教学实施过程。课前预习、课堂讨论、课后深化成为慕课重构课堂的新模式。新的教学模式，需要教师备课，也需要与时俱进。学生成为课堂备课的主体，不同的学生、不同的在线状态都需要备课教师的思考，课堂的讨论需要教师准备充分的资料，课后的深化同样需要教师角色的转变。所以，网络教学是新事物，也是旧事物，无论课堂模式如何变化，最终需要学生学会学习。

（3）重构课堂教学评价模式。慕课背景下的课堂教学更加注重过程，教学过程是重点。学生的学不局限在几十分钟内，而是对知识的理解是否扎实，考察学生的理解需要更多元的方式，例如可以借助网络进行日常作业，或者网络研讨等。在新的教育教学方式背景下，教师应该在传统评价机制基础上融合创新，注重过程的评价，实现最终的学习成果。

3. 发挥慕课优势，促进课堂教学转变

由于慕课解决了传统教学受时间、地点限制的问题，提升了学生的综合能力，教师要熟练掌握慕课的开发和管理，调整课堂教学知识结构，利用慕课资源。教学改革中要充分发挥慕课优势，实现教学方式的优势互补，促进教学质量提升，实现应用型人才培养目标。慕课教学需要实现以下三个方面的转变：

（1）人才培养方式转变。传统课堂教学模式是以班级为整体进行教学内容传授，忽略学生基础和学习能力差别，难以调动部分学生的学习积极性。慕课背景下，教师需要尊重学生的差异性，增强教学内容的针对性，重视激发学生学习的主动性，由教师被动的教学变成学生充满兴趣主动地接受新的知识。相对于传统的教学方式，慕课教学更侧重于学生个性化需求。

（2）课程教学方式的转变。传统课程教学方式较为单一，师生之间缺乏交流，慕课

打破了时空限制，师生可以通过博客、微信等实现知识交流，丰富教学方式。无论是传统课堂还是新方式的网络课堂，师生的交流都占有重要角色，没有交流的课堂不是成功的课堂，线上课堂可以帮助学生更好地向教师请教。

（3）教学管理方式的转变。慕课教学平台的创设实现了有纸化向无纸化、人工化向智能化教学管理方式的转变，教材、笔记、作业等以电子资料形式呈现，考试可通过网络在线进行。此种环境下，教师要不断提高自身计算机应用能力，并实时更新教育方式和观念，促进学生综合素质提高，而作为学校的管理者，也需要积极与社会接轨、与时俱进，选择更先进的教学理念，更新既有的传统观念。

4. 推进课堂改革，提升教学管理水平

教学管理者的角色应该由管理者向教学和课程服务转变。高校管理者应该充分发挥高校优质师资，为学生提供更加优质和差异性教学服务，同时为教师提供最便捷的网络应用服务。第一，利用学校互联网大数据对学生的学进行差异性分析，为学生制定个性化教学方法，真正做到因人而异，因材施教；第二，多样化教学服务，充分利用互联网信息技术，通过学生端为学生提供更优质的教学服务、课题选择、教师选择、研究讨论等，通过个性化差异化的算法服务，真正高效有序地推进教学改革。

传统课堂能容纳的学生有限，但慕课可以涉及很多学生。在传统课堂教学模式中，大规模是极大的负担，但在慕课环境下，大规模却是一种教学资源。慕课的兴起是因为其有实体课堂没有的优势，如学习没有时空限制和门槛限制、没有班级人数限制、名师授课、以学生为中心的教学模式、科学的教学设计等。因此，慕课与实体课堂各有优势和不足，两者的结合是未来教育改革的方向。

二、基于慕课的高校英语混合式教学模式构建

随着信息技术与教育融合的逐步深化，慕课已经在线上教学和混合式教学中扮演了越来越重要的角色。基于慕课的大学英语教学环境复杂，要素浩繁而又相互联系、相互依存并相互作用。从语言生态学视角对大学英语混合式教学环境中的各要素进行系统的梳理和整合，构建了大学英语混合式教学生态模式和生态评价体系，以便能够把握教学生态变化的规律及特征、建构完善的教学机制，以便保证和提高教学质量。大学英语混合式教学生态模式的构建是我国外语教育发展的新形式、新特点，能够推动教育生态环境和谐、持续地发展。

（一）基于慕课的高校英语混合式教学模式构建意义

大学英语慕课是基于现代教育信息技术的学生线上自学、线下课堂中反馈答疑并教师辅导相结合的一种新型教学模式，慕课发展速度惊人，对全球高等教育产生了前所未有的影响。慕课借助信息技术的优势，弥补了高校传统教学模式的时空限制，是信息技术与高

等教育深度融合的重要途径之一。许多高校以慕课建设为抓手，推动信息技术与外语教育教学的互通融合，不管是纯线上教学，还是线上、线下混合式教学模式，慕课都已经在高等教育教学中发挥了至关重要的角色，且已经逐渐渗透到高等教育的课堂教学、课程设置、培养方案等各个教学的环节中。由此可见，大学英语慕课具有开放性、即时性、便捷性等特点，打破了时空限制，使学习者随时随地都可以通过移动电子设备或电脑进行学习。基于大数据的慕课平台能够及时提供学习数据，并对学习者的学习情况进行分析，不但能保留过程性考核材料，而且又能让教师及时更新和完善教学内容和学习者调整学习计划及学习方式等。

（二）基于慕课的高校英语混合式教学生态模式构建

混合式教学模式不是线上和线下简单的相加，而是由浅入深，层层递进，具有紧密的内在逻辑关系，应发挥互补优势，以便达到深度融合。混合式教学的学习环境是生态的，语言学习活动的目标虽然是由教师来设计，但学习者才是知识建构的主人翁。混合式学习环境下的大学英语学习意味着学习资源更加丰富，学习计划更加自主，学习方式更加个性化，这对于学生来说也不是件容易的事情。线上、线下教学环境涉及因素繁多，需要重新构建和谐的教学生态环境，使得各要素之间发挥相互影响和作用。

1. 语言生态学与英语混合式教学

语言生态学认为语言和其所处环境之间的关系犹如自然界各生物与其所存在环境之间的关系。由此可见，语言也应该有自己的生态环境，并受到来自生态环境中各种因素的影响和作用，包括使用此语言的社会和人。因此，语言生态学研究的是一个特定语言和其所处环境之间的相互关系和作用。教育信息化时代，混合式教学把学习环境看作是生态的，其教学生态环境复杂多元，要素浩繁，因此，需要考察大学英语混合式教学系统中的诸要素与周围环境之间的联系及相互作用，把握教学生态变化规律和特征，重新构建生态化大学英语混合式教学模式，使其能够和谐、良性地向前发展。

2. 英语混合式教学生态模式建构

语言生态学视域下大学英语混合式教学生态环境包括教师、学生及教学环境三大要素。三要素之间相辅相成，相互发挥着作用，并有着各自的构件和内涵，共同构建了大学英语教学生态系统。大学英语教学活动受到教学生态环境多元因素的影响。基于慕课的大学英语混合式教学使得整个教学环境因素更加复杂多元，而原有的教学生态平衡被打破，各环节失调，需要重新梳理系统中的诸要素，以便构建清晰的生态化教学模式，彰显各要素之间的动态平衡及内在的逻辑关系。

在大学英语教学的生态系统中，教师是生态主体，学生是生态客体，教学生态环境是主客体之间的中介。教师通过教学环境中的各种媒介对学生进行知识传授。教师作为生态主体，是整个教学活动的策划者和引领者，其职业道德、教学理念、业务能力、信息素养、对学生的情感态度以及多元的教学方法和个性化的教学模式等在大学英语教学中均发挥着重要作用。学生作为生态客体，其态度、动机、自主学习及自律能力、信息素养能力、学习策略及团队合作能力等均某种程度上影响着其学习效率和学习效果。而教学环境作为大学英语混合教学的媒介，包括线上教学环境、线下教学环境及社会文化环境。线上教学环境包括慕课平台、慕课视频、课程配套资源、师生互动平台、线上管理及学习效果的评价等；线下教学环境要素分为教学硬件和教学软件，其中硬件包括校园网、图书馆、多媒体教室及自主学习中心等教学设施，软件包括课程教学大纲、课程设计、线下教学资源、教学管理及教学评价。而社会文化环境属于教学活动之外较为宏观的因素，对教学亦发挥着一定的影响和作用。其中，国际环境和社会环境是基于对学习者的需求，并能够为其提供机会和条件的外部因素，而家庭环境主要是学习者的家庭背景和期望，并对其提供精神和物资方面的支持。

另外，校园文化、校园信息化和学校制度属于校园内部的生态环境因素，亦对学习者的学习起到潜移默化的影响作用。由此可见，教师、学生、教学环境各自拥有自己的构件要素和内涵意义，而这些构件要素之间又具有内在的逻辑联系，相互影响。教师的构件要素影响和决定着学生的学习，学生的构件要素既影响教师的教学方法的调整又对自身的学习质量和效果发挥作用。另外，外部的教学环境各构件同时影响着教师的教和学生的学，使得师生需要与时俱进，通过学习来适应信息技术的更新迭代，教学资源的优化，遵循学校生态环境的各种要求，并及时应对国际环境和社会环境等的实时变化。

3. 英语混合式教学生态评价体系建构

基于慕课的线上教学模式尽管已经成为高校教育的一种趋势，但线上教学管理及评价机制一直是摆在大家面前的问题。线上教学由于缺乏对学习者行为的有效监控，使得教学质量备受质疑，目前有些高校还在持观望态度。因此，大学英语混合式教学需要构建一套合理有效的教学评价体系，不仅要对学生的学习效果进行评价，而且要对主讲教师的线上、线下教学能力及效果进行考核，以便建立"多维评价机制"来保障线上的教学质量。

大学英语教学质量评价体系既包括对学生学习效果的评价，又包括对教师教学能力的评价。首先，教师的评价包括考核组评价、教师自我评价和学生评价三大要素。其中，考核组需要基于生态视角对教师线上和线下教学的各个环节进行评价，包括教师线上课程公告数、发帖数、与学生互动数及批改作业数，并结合线下教学态度、业务能力、教学设计及教学手段等要素。教师本人亦需要通过教学日志、教学反思及教学总结对自己的教学做出客观评价。学生也需根据教师的教学态度、责任心、教学方法及教学设计等方面对教师做出客观评价。其次，对学生学习效果的评价同样需要基于生态化的形成性评价和终结性评价相结合的方式进行。任课老师对学生的评价需结合学生线上、线下学习中的各种行为表现，如线上签到频次、视频学习时长、平台互动参与率、线上作业完成情况和测试结果等，以及线下上课出勤率、课堂参与度、与线上知识学习的衔接度、课堂笔记、课后作业及期末考试等因素。除此之外，学生本人也需要根据学习过程的各种记录对自己的学习给出客观评价。综上所述，对教师的评价能够促进其教学方法的改进、教学资源的优化、业务能力及教学质量的提高。对学生的评价能够侧面反映教师的教学效果，反过来促进教师调整教学方法、优化教学资源等。由此可见，对教师教学的评价和对学生学习的评价相互促进，相辅相成，各个评价要素之间相互联系，相互作用，共同保持大学英语教学生态平衡。

总而言之，大学英语教学需要系统地整合教学生态环境中的各种要素，构建和保持混合式教学环境的生态平衡，推动线上、线下教学的深度融合，并健康和谐地发展。混合式教学成功的关键在于学习者的学习态度、自主性、学习动机等。从认知学习理论视角看，人是学习的主体，具有主动学习的特点，通过习得语言来协调个体行为与社会环境之间的关系。因此，教师首先应指导学生端正良好的学习态度，激发其学习动机，并培养其自主学习能力；其次应要求学生通过线上学习，线下答疑、反馈及讨论的方式来深化对所学知识的理解和掌握，逐渐提高其认知能力；再次应在教学内容中有机地融入领导能力、团队合作能力及人际交往能力等方面的内容，以培养学生的多元能力和建立个性化学习模式，使得个体行为与社会环境之间保持和谐的生态平衡。

语言生态学视域下大学英语教学中的教师、学生及教学环境三要素之间具有相互影响的内在逻辑关系，共同构建了一个有机的大学英语教学生态环境。文章系统梳理和整合了大学英语混合式教学环境中的各要素，把握教学生态变化规律和特征，构建了大学英语混合式教学生态模式和大学英语教学生态评价体系。教育信息化时代，基于慕课的大学英语教学使得整个教学生态环境更加复杂多元，需要重新审视和调整各要素的功能作用，不断完善混合式教学机制。另外，建立大学英语教学生态化评价模式，合理设置形成性评价、线上教学评价及线下教学评价的各自占比率，能够进一步保证大学英语的教学质量。混合式教学模式已经成为当下信息化时代的主流趋势，大学英语混合式教学生态模式的构建是我国外语教育发展的新阶段、新形势，能够厘清并保持各要素的功能作用，保证大学英语教学生态的和谐及平衡，进而使其良性地向前发展。

第三节　基于翻转课堂的高校英语混合式教学模式

一、高校英语翻转课堂教学体系

（一）翻转课堂教学的要素分析

翻转课堂是对传统教学模式和教学方法的革新，通过知识传授与知识内化两个阶段的翻转，提高学生学习的主动性和学习效率；教师应把握翻转课堂的关键要素，准备富有创造力的教学资源和学习环境，组织多样化的课堂教学活动，通过学习分析为学生提供更有针对性的教学，充分发挥翻转课堂的优势。

1.学习环境

翻转课堂需要由网络学习平台和学生学习终端组成的网络学习环境支持。网络学习平台主要提供教师个性化推送和学生自主性选择学习资源、学生学习和在线测试数据收集和分析、师生和生生互动交流信息等功能。这是实施翻转课堂教学最基础的环境。学习终端主要是支持学生的微视频学习、在线测试和网络交流等功能。

2.学习分析

在翻转课堂实施过程中，教师需要利用学习分析技术，对学生在课前在线学习产生的大量学习数据进行解释和分析，有效分析判断学生的学习问题，评价学生的学习进展，甚至评价学生的批判性思维、协作交流能力和问题解决能力等，以帮助教师设计和调整教学内容和教学过程。例如，在学习过程中，教师发现某个环节或知识点被学生们反复点击的时候，要意识到这可能是一个对学生而言难以掌握的知识点，或者自己的讲解有问题，需要据此调整教学，重新录制视频。

3.学习活动

课堂的学习活动是翻转课堂设计的核心部分。翻转课堂的有效实施需要建立在设计良好的学习活动的基础之上。在翻转课堂教学过程中，新知识的学习过程已经在课前完成，取代了传统课堂教学中的教师讲授新知识的模块，给师生留下了更多的课堂时间，如何利用好课堂时间组织教学活动，促进知识内容，是决定翻转课堂是不是成功的关键。目前提及翻转课堂，大部分人都是集中在如何制作教学视频上，但实际上比视频更为重要的是课堂活动的组织。

翻转课堂教学活动包括小组学习活动、全班交流活动和个人学习活动，但以小组学习活动为主。翻转课堂教学活动涵盖了解答学生疑问、解决重点难点、课堂讨论、探究实验和练习巩固等多个方面，教师需要根据学科特点和学生实际情况精心设计课堂活动。翻转课堂需要良好的互动和有意义的深度学习。翻转课堂设计对教师的教学能力和综合素质有较高要求，教师需要在课堂中敏锐地发现多数学生存在的困惑，并及时解决。一些学校的翻转课堂，由于形式过于单一，甚至全部活动用来做练习测试，导致学生慢慢失去了兴趣。

在正式上课前，教师应当确保学生已经观看了教学视频，并完成单元检测，即要求学生在课前完成基础性的测试题目，以便于学生自己及教师发现问题，了解实际学习效果。在课堂上，教师通过设计有意义的任务和具有挑战性的问题，激发学生思考，推动学生间进行互助交流，对于一些自控能力较差，或是自己学习有困难的学生而言，学习小组可以起到监督和带动的作用，帮助学生打破在课外学习的孤立感，进一步增强学习效果。翻转课堂教学设计的核心，教师要对学生的疑问进行整理，对其中具有代表性的问题，应放在课堂上集中讨论解决，对于个别学习相对滞后，或是学习积极性不高的学生所存在的问题，可以在课前单独给予指导。翻转课堂教学设计，还要重点关注以下问题：

（1）解决学生疑问，层层引导。学生完成了前一阶段的自主学习，教师在课堂上可以直入主题，就学习中普遍存在的疑惑集中给予解答。此外，教师也应关注个别思维更加活跃，学习进度较快的学生提出的问题，这类问题往往可以作为一条主线，引导学生做进一步探究。

（2）交流协作，加深内化。由于教学视频可能只涉及基本的知识讲解，因此在知识深化方面，教师可以根据学生的兴趣及学习能力将学生分组，通过布置任务完成知识的深化和内化，学生在交流中相互启发和批判，同时也提升了团队协作和沟通能力。在学生分组学习时，教师也应参与到学生当中，对出现的问题给予点评，及时纠正偏离方向的讨论，提高课堂学习效率。

（3）统筹兼顾，突出重点。如前所述，课前的教学视频只针对重难点，对于其他一般性的知识点，教师可以放在课堂上完成讲授，避免知识的割裂。

4. 学习资源

翻转课堂的有效实施需要丰富优质的学习资源来支持，这些学习资源可以是微课视频、电子课件、互动电子教材、学习网站、在线课程、文本教材和练习题等，其中微课视频是最常用、最重要的学习资源，内容以知识点为单位，聚集新知识的讲解。

从视频的形式上看，怎样在 10 分钟以内牢牢抓住学生眼球，需要教师在录制视频时充分考虑视频的视觉效果，灵活采用画面、声音等多种表现手法，此外，字幕的配合也很重要，字幕是画面、声音的延伸和补充，能够弥补授课者口音的缺陷，更清晰准确地传达视频的信息。从视频内容的实质上看，教师需要把握的是视频应当有益于学生在课前进行探究式学习，视频应当是那些足以引发学生兴趣、讨论、质疑的材料，如果视频只是单纯地录制教师讲授的内容，实质上还是没有打破学生被动接受学习的模式，只不过将听课的地点由课堂移到了课外而已。

除了传授知识所需用到的教学视频，教师还应当着手建立扩展资料库，为学生提供可以扩展学习的资料，这些资料包括其他开放学习平台提供的视频、文字阅读资料、习题库等。扩展学习有助于学生进一步了解所学内容的背景知识、与其他知识的联系，一方面帮助学生更好地理解和掌握教学大纲中的知识点；另一方面进一步培养了学生自主学习的能力。

翻转课堂学习资源主要用于支持学生课前的自主学习。为了取得更好的自主学习效果，除为学生提供视频资源外，还需要提供教师精心设计的自主学习任务单与视频资源配套使用。学生依据学习任务单的要求，观看视频，完成知识学习。学生只有在课前完成对学习资源的学习，获得了知识内容并发现学习过程中存在的疑难和困惑问题，带着问题参与课堂的讨论活动，才能达到知识内化和创新的目的。

（二）翻转课堂教学模式的创新

翻转课堂是采用线上线下配合，多种技术融合来实现教学流程重组的教学组织形式，最早起源于美国，它将知识传授的过程放在课外，把知识内化过程放在课内，让学生之间，师生之间有更多的沟通和交流，从而实现理想的教学效果。大学英语翻转课堂教学模式的创新，主要包括以下方面：

第一，把教师与大学生主体位置互换。翻转课堂不同于守旧课堂的本质区别就是把教师们和大学生主体的位置进行了互换，把大学生作为了大学英语教学的学习核心，更加注重大学生的独特化学习，然而教师们从之前的讲演者转换为当下的亦师亦友的指路人，关键在于怎样高效地引导使大学生尽快地参与到大学英语教学中。翻转课堂不仅实现了在主体位置的互换，在教学实质上也发生了转化，首先，在上课形式上针对大学生制订教学计划，让大学生多参与课堂互动交流，并对比较突出的疑难问题做出合理的分析判断；其次，就是让大学生也加入大学英语教学内容安排的探究过程中，积极听取建议，制定出更高效的教案。

第二，提升教师与大学生信息网络技术水准。翻转课堂作为新的教学形式，最大的特色就是利用信息网络技术平台增加大学英语教学的实际授课质量。因此，教学核心中的大学生需要在预习时借助在线开放课程、微信课程、微博等英语视频和语音课件对即将学习英语教学课程有一个简略的认识，便于带着问题去学习听课；作为教学指路人的教师们可以利用信息网络技术平台在备讲课内容时提早录制一些音频或视频课件资料，把这些课件资料分享到网络资源平台上，或者通过多媒体设备进行英语教学使用方法。

第三，创设日常情境辅助英语教学。近年来，在英语教学中，我们越来越提倡情境教学。之所以强调这种教学方式，是因为英语它是一门语言类的学科，学习英语的主要目的是要交流，所以它更加注重的是沟通和表达能力。在对学生的教学中，教师就可以适当地跟学生进行交流，大多可以设置一个有趣且有意义的情景，在提问回答的过程中提高学生的表达能力。可以让学生先从介绍自身开始，这样的场景谈话不仅督促大学生积极地学习英语知识，也帮助大学生锻炼了日常的口语和求职应变能力，这种创设情境的翻转课堂才有实际教学的意义。

第四，补充大学英语教学实践活动。在当下英语虽然世界范围内使用很频繁，而在中国母语是汉语，所以平时学习英语之后的使用率并不多。所以大学生在收获英语知识后希望在实际行动中加以巩固，例如多看国外一些电子设备的英语说明书、玩网络游戏、去国外旅游等都能够用到英语常识和交流对话。所以教师们要根据这一特色引入翻转课堂，用视频短片或网络让大学生随时能接触到英语学习，增强实际运用能力，而且英语学习也并不是把单词组合在一起的就会成为一句话。而是要像汉语一样用正确的方式和理解做出表示。教师们可以引入英语版电影或电视剧让大学生多接触英语发音，或者模仿很知名的场景对话。

综上所述，翻转课堂模式有利于让学生在大学英语学习中提高学习英语的积极性，激发学习英语的热情，充分地对传统模式进行创新，注重的是学生的主体地位，强调的是学生的学习体验。并通过此模式，提高学生学习能力，增强学生沟通交流能力，对英语教学具有重大意义。

（三）翻转课堂教学的具体应用

近年来，文化教育开始强调"文化知识"和"文化素养"，进入了语言与文化并重的教学实践阶段。文化的复杂性是跨文化教学与语言教学最大的区别，在英语课堂上没办法操练和检验学习者的跨文化意识和能力，所以需要教师花很多时间讲解文化知识。解决这一问题，可以利用翻转课堂的模式，给学生足够的时间理解和消化。下面探讨大学英语翻转课堂教学中文化相关内容的应用。

1. 课前知识准备

教师制作的每个课件尽可能控制在 5 ～ 10 分钟的讲解时间，制作成 PPT 演示文稿，配以语音讲解，教师录制播放，播放 PPT 时，即屏幕捕捉软件，选择一款录频软件，教师可以把以上内容进一步细化为若干个知识点。也可通过网络资源搜索相关视频短片供学生课前学习和讨论。一些英语词语意义及文化特殊性等，教师可以设计一些问题给个人或学习小组，学生可以通过微信或腾讯 QQ 等向教师或同学随时提出。

2. 课中教学活动

对语言知识或文化的讲解，不再是课堂学习中的教学重点。教师对学生的课堂表现进行形成性评估，课堂内各种互动的课堂活动可以帮助学生对文化知识的吸收内化。教师在课堂上加深他们对文化内容的理解以及内容的内化，引发学生积极的思考，组织活动，对课前收集的问题进行针对性的讲解，教师的角色是组织、协调、答疑。针对教师所提出的有关中英文化英语表达等问题，能帮助他们知识的内化和实践，提高学生学习的兴趣，鼓励学生用英语进行交流，创设一些具体的情景，教师可以运用情景教学法，或者针对某一问题进行小组讨论，在课堂上个人或小组用 PPT 演讲展示这些活动任务必须在微课视频里提前布置，最后教师再点评。

3. 课后延伸学习

课后的阅读是必不可少的，历史文化背景和价值观是一个跨文化现象背后反映出的，需要学生深入思考和领会。教师布置相关主题的实践与拓展，应当根据课堂上学生展示和提问的情况，例如就中国文化和西方人交流等，学生自主搜集资料，课后扩展任务包括扩展阅读、专题写作等，教师点评，或者组员之间进行互评，这类应有的课后语言文化实践，具有十分重大的作用，能够帮助学习者增强语言综合应用能力和提高跨文化交际能力。

大学英语翻转课堂给教师和学生带来了挑战，但也能使学生更加自主，使教师和学生传统的课堂地位重新定位。对英语教师而言，在拍摄和制作技术上还需要一定的教育技术能力，应当投入更多的时间，给学生提供出更多的、优质的课前微课视频学习资源。对学生而言，能否独立自主完成学习任务，这方面的学习能力也需要增强。英语的学习，不仅要通过语言了解国外的民族、历史和文化，更要用英语让国外了解我们的文化，而不仅是学习语言本身。

二、基于翻转课堂的高校英语混合式教学模式构建

互联网时代的发展速度越来越快，而且科学技术也在教学领域中得到广泛应用，其中对英语教学的影响很大，不仅教学理念与教学方式得到相应的改变，而且教育行业也将面临新机遇以及更大的挑战。因此，高校英语教师要顺应教育改革形势，突破传统教学方式的瓶颈，敢于创新，实施翻转课堂下的混合式教学模式，使课堂教学与线上教学得到有机结合，全面提高教学质量，引导学生积极主动地学习。

"翻转课堂"是指在信息化环境下，教师以授课的重点和难点作为依据，将充足的学习资源提供给学生，而教学微视频则是这些学习资源的主要呈现形式。在课堂教学前，学生先去观看该节课的教学视频，提前预习知识点，也可在线练习，从而顺利地完成知识传递。教师在课堂上就学生们疑惑的问题进行一一解答，为了帮助学生巩固所学知识，设计不同的课堂活动就显得尤为重要，以期达到知识内化的目的，以及学生对英语知识可以深度学习。总的来说，这种教学模式既对学习过程实现了"翻转"而且还彻底"翻转"了师生各自的角色，学生成为教学中的主体，教师成为教学主导者。随着信息化社会的发展，翻转课堂对教育变革起到了引导作用，传统的教学方式将被取代。翻转课堂的优势在于对课堂资源实现合理配置，最大程度提高学生的学习效果，学生对学习英语更有兴趣，能主动参与到学习中去。

（一）基于翻转课堂的高校英语混合式教学模式构建意义

如今"互联网+"时代已经到来，随之将发生教学变革，教学中将智能化的技术手段引入进来，师生关系趋于平等，而且对学生的个性化学习需求以及在线学习格外重视。然而，这也不足以说明"互联网+"适用于任何学习，传统课堂教学也有其不可替代的作用。因此，教与学便向混合阶段迈进，融合线上线下的混合教学模式成了新时期大学英语教学的主要模式，这种模式有利于发挥教师的主导作用，从根本上满足学生自主学习的需求。

近年来，我国新兴的教学方式主要有微课、慕课、翻转课堂等，通过大力推广这些教学方式，促使混合式教学真正成为"互联网+"时代一个最为有效的教学模式。概括而言，翻转课堂理念的本质就是颠倒传统教学中传授和内化知识的过程，围绕学生展开教学生、生生互动得以加强，进一步发挥学生的主观能动性。总而言之，在当前的混合式英语教学过程中，要一直贯穿翻转课堂理念，这样才有利于改变学生以往单一的学习方式，对英语知识学习产生更大的兴趣。

（二）基于翻转课堂的高校英语混合式教学模式创新构建

1.教学设计模式

"讲授重点、在线自主、小组合作、答疑解惑、实践评价是翻转课堂混合式教学的几个主要步骤，教学思想以学生为中心，培养其语言应用能力、跨文化交际能力等，更好地引导学生自主学习。"[①] 同时，还要注意以下方面：一是线下对课程的答疑、指导、评价必须要结合线上自主学习；二是翻转课堂要全面结合互动性面授，两者要进行有机结合；三是学生的实践操作活动要充分结合教学设计的部分。高校英语教师在大学英语教学中，应明确教学目标，教学内容要具有合理性，同时也要制定完善的教学大纲，使翻转课堂的混合式教学得到顺利开展。另外，教师在课前需要做足导入工作，课堂学习过程中需要导入的内容有很多，例如，学习软件、PPT内容、视频、音频、网络课件等，从而使学生高效完成自己的学习任务。设计课堂教学活动时，自我评价是其中的一个重要任务。

以下两个方面是教师的基本着手点：一是利用线上网络平台，给学生布置有针对性的课后作业，将有用的学习资源提供给学生，还要针对学生的问题给予解答，认真检查学生的作业，对学生学习的整个进程应该时刻进行监督。加强与学生之间的交流和讲授重点、难点是教师教学的重心，所以教师要注重角色的及时转变，充当导演或教练；二是利用线下英语课堂，学生就可以将自己的学习成果展示出来，一起讨论、互评、自评，在这种情况下，就促进了自主化与个性化的教学模式形成。

2.跨文化交际能力

大学英语是高校一门重要的人文课程，对人才培养具有重要意义。因此，应秉承"以人为本"的教育理念，重视培养人的综合素质，还要将社会主义核心价值观真正地融进英语教学中，确保大学英语的工具性和人文性两个方面得到有效统一。语言作为文化的载体，更是组成文化的一个主要部分。如今，大学英语的工具性已被认可，但是其深层目的则是要加强对学生的英语语言应用能力的培养，确保学生在今后的学习和工作中可以用英语交流。所以，对于高校大学英语教学来说，仅仅是促进学生听、说、读、写、译等水平的提升是远远不够的，还需要引导学生对语言背后承载的文化信息进行掌握，这才是重点所在，

---

① 徐畅.基于翻转课堂的大学英语混合式教学模式与创新［J］.黑龙江教师发展学院学报，2022，41（3）：146.

要让学生更加了解中西方文化以及世界观的差异性，促进他们跨文化意识的提升，此举也有利于交际能力得到进一步提高。

3. 进行课程设计

大学英语对高等教育来说意义重大，英语教师先要将课程设计做好，以便学生能深入理解所学知识，提高他们的英语写作能力及阅读能力，能用英语进行交流。课程开始之前，教师可以让学生根据微课视频中的内容去模仿或学习，以小组合作模式为基础，学生之间进行交流和探讨，在这种轻松的氛围中有利于不断地提高教学质量。因为大学英语中所包含的理论知识较多，而且这些知识也比较复杂，学生会觉得厌烦，所以教师要结合实际的教学内容和学生的兴趣特点，进一步加大训练力度，积极开展混合式教学，便于学生记忆与理解英语知识。如果是较为分散的知识点，同时又涉及很多复杂的内容，这时就有必要利用混合式教学模式，通过结合翻转课堂，使教师在课堂讲授时能将更多的网络资源提供给学生，学生对英语基础知识加深理解，并及时进行巩固和掌握，最终获得令人满意的教学效果。

4. 教师职业素养

教师的职业素养对教学效果起着决定性作用，基于翻转课堂的大学英语混合式教学需要教师付出更多的时间和精力，还要求他们具备信息化能力，这就增加了教师的压力。基于此，大学英语教师就要将大数据结合运用起来，重视自身的教育技术能力的提高，也要不断地提升信息素养。英语教师在进行课堂面授之前，必须以教学目标和实际的教学要求为基本依据，将互联网资源有效地利用起来，甄选出那些与教学内容密切相关，并且适合学生能力的微课、慕课、课件等；教师也可以自己制作视频或课件，安排学生在课前就在线上学习完本节课程的内容，课堂上采取多种不同的形式帮助学生内化与吸收教学内容，如项目展示、答疑解惑以及小组讨论等。由此可见，翻转课堂要求英语教师必须提高信息化能力水平，有视频编辑能力、信息检索能力以及处理图片的能力。

5. 个性化教学

和谐与民主是个性化教学过程中体现出的关键特征，坚持"以人为本"的教学理念，能根据学生的情况来提供科学合理的教学方案，充分体现民主性。尽管学习语言的能力和语言辨认能力是每个学生都具备的，但是他们掌握的英语知识程度是不同的，所以教师就必须在翻转课堂上开展个性化教学，从而将混合式教学的独有优势发挥出来。在教学过程中，可以遵循以下方面：一是在英语课堂上，教师要布置好相关问题，而学生则是通过微课视频等对这些问题进行相应解答，这就可以对学生掌握英语知识的程度加以检验，也能判断出微课视频的学习效果。二是利用小组合作学习这一形式，学生代表对问题的答案先进行陈述，之后由教师在一旁对其做出补充说明，促进课堂教学效果得到提高。三是教师以合作学习的形式作为基础，对学生实行个性化与探究性教学，调整他们的学习心态，引导他们在课堂上敢于提问，在实践过程中将问题彻底解决。四是教师应该多与学生交流，摒弃模具化培养方式，凸显个性化培养要求，只有这样学生才能实现全面发展。

综上所述，以翻转课堂为基础的大学英语混合式教学应该将课堂教学模式与网络教学模式两种教学模式有效结合起来，通过有效结合发挥其各自的优势，弥补传统教学的不足，提高教学效果和质量，激发学生对英语的兴趣，促进大学英语学科的持续性发展。

第五章　大数据时代高校英语混合式教学创新实践

第一节　基于 OBE 理念下线上线下混合式教学实践

"所谓的 OBE 教育理念，就是将成果作为整个教育的方向。在这一理念中，学生是整个课堂活动的中心，教学活动设计将预期学习成果作为引导，有效帮助学生自主学习，通过相关资源的辅助完成相关的学习任务。"[①] 同时，在教学完成后还要综合多个方面指标进行教学评估，有助于教学工作不断完善。在 OBE 理念下，充分融入混合式教学模式，能够有效调动学生的学习热情，激发学生兴趣，促进整个教学活动顺利完成教学目标。文章主要针对高校的英语教学进行探究，分析混合式教学模式构建所具有的重要意义以及存在的问题，不断促进英语教学改革创新。

高校在进行英语教学活动过程中，要充分运用 OBE 理念，巧妙融入混合式教学模式，打破传统教学的约束，将预期结果作为整个教学活动的引导，促进整个教学活动顺利完成。此外，还要在教学设计时进行反向思维，将学生作为整个教学活动的中心，将结果作为教学完成评估指标，及时修改教学计划，促进教学效果不断优化。

预期学习成果来源于 OBE 理念的引导，是高校进行教学活动设计和教学目标设计的重要依据，促进整个教学活动顺利进行。在进行预期学习成果设定时，应该将我国英语能力等级量表作为依据，全面综合学生的实际情况，科学合理制定英语教学目标，促进高校英语教学活动顺利进行。在进行英语教学目标设置时，应该结合人才培养目标进行整理，还要将专业要求和能力发展指标作为依据，促进高校英语教学呈现出递进式的效果，有效培养高校英语人才。进行英语教学目标设立的依据体现在以下方面：

第一，全面分析学生的实际情况。站在学生的角度，提前了解预期的学习成果有助于自我学习约束，及时调整学习的进程和效率。教师在进行教学目标设定时，要根据学生的实际能力进行设置，符合学生的发展实际需要，目标难度要适宜，避免学生出现厌烦的心

[①] 李芳，郭怡然.OBE 理念下高校英语混合式教学模式探索 ［J］.现代英语，2021（18）：22.

理，激发学生的学习热情，从而保证教学目标顺利完成。

第二，全面掌握内外需求。在进行教学目标设计时，不但要考虑国家对高校英语人才的需求，还要充分考虑国家对高校进行英语教学活动的要求，应该确保进行的教学活动，既具有本校的特色，又能满足各方面的需要。

第三，将教学目标进行具体化、细致化。在进行阶段性目标设计时，应该将总目标作为依据，根据课程的具体内容和学生的实际情况进行短期目标设置，从而有效促进英语教学活动有效进行。将布鲁姆目标分类法作为依据，从认知和知识两个角度出发分析短期目标，确保短期目标具有科学合理性。

第四，由于混合式教学模式的融入，学生不仅要通过线下学习，还要通过线上学习。因此，教师在进行备课过程中，要明确线上及课堂的教学目标，并分别进行确定。制定线上学习目标时，可以将发展学生的低阶思维作为教育目标，课堂的教学目标要将拓展学生的高阶思维作为教育目标。无论是课堂教学目标还是线上教学目标，都要遵循递进的原则，逐层进行，最终完成教学总目标，还要将这些目标作为学生预期学习成果，成为教学活动中的导向。

一、OBE 理念下线上线下混合式教学预期学习成果的实现

OBE 理念下的教学是将线上和线下相融合的一种混合式教学模式，将预期学习成果作为教育目标，进行教学设计时要遵循回溯式的原则，将这一教学模式贯彻到整个英语教学活动中，促进教学目标得到有效完成。这一模式所进行的教学活动分为两部分，即线上教学和课堂教学。

（一）线上教学活动

教师应该在线上教学活动开始前明确向学生阐述本节课的学习目标、要求和具体流程，还要向学生演示整个学习的操作过程，使线上学习的顺利进行得到有效保障。此外，还要加强线上教学和课堂教学之间的联系，做到两者之间有效连接，为整个教学活动顺利进行打好基础。学生在整个教学活动中处于主导地位，教师起到引导的作用，辅助学生完成线上和线下的学习任务。在线上教学活动应该在每节课的前半段，学生需要在课上完成英语语言文化知识的输入和输出。

首先，是文化知识输入环节。其主要通过视频、微信等方式获得，帮助学生掌握相关的英语语言文化知识，为之后的线上学习打好基础。这里运用的微课视频大多都是英美外教和留学生之间的对话，对话的内容和场景涉及很多方面，内容十分生动形象，可以使得学生身临其境。对话结束后，由教师进行内容的讲解，重点讲述个别的词汇和句型，之后再由外教对相关的文化知识进行介绍，加深学生对英语语言文化的认知和理解。同时，还包括一些扩展资料，这都是与课程内容有关系的信息，通过线上平台实现资源共享，帮助学生更广泛掌握英语语言文化知识。通过微信所推送的相关内容都是一些与英语有关的有

声音频，教师定期传送至微信平台，提高学生的英语文化知识和听力水平。

其次，是文化知识输出环节。这一环节包含了学生完成单元习题、学生之间的交流讨论等相关内容。教师要定期组织学生之间交流讨论完成任务，将单元主题作为中心充分发挥学生的主观能动性，引导学生以英文发帖的方式进行交流，有效提高学生英语表达能力，也有助于教师及时了解学生的英语掌握情况，从而为之后的教学工作起到引导作用。

（二）课堂教学活动

每节课的后半段是课堂教学环节，主要的目的就是促进学生英语口语表达能力得到提高，教师在课堂教学活动中处于引导地位，积极组织学生交流讨论完成任务，为学生营造交流互动的机会，提升学生英语实际运用能力。教师可以组织一些角色扮演等教学活动，帮助学生有效进行英语对话训练，身临其境地感受英语教学活动范围。对于课堂教学活动而言，教师要帮助学生对所学知识进行全面掌握，更好地应用于实践，最终达到学以致用的目的。教师在课后要及时检查学生的知识掌握情况，可以通过竞答等方式，根据实际情况设计接下来的教学活动。在课堂上教师要给予学生充足的答疑解惑时间，帮助学生有效解决学习中所存在的问题。除此之外，教师还可以将学生进行分组，通过小组讨论学习等方式完成单元习题，提高学生之间交流合作的能力。在小组交流讨论过程中，组织其他组员向优秀学习小组学习观摩，有助于提高学生的合作学习能力。教师在小组活动结束之后要进行总结汇总，邀请每个小组代表进行小组展示，根据学习情况总结归纳本节课的重点，进一步促进学生掌握所学知识。

二、OBE 理念下线上线下混合式教学学生学习成果的评价

OBE 理念要求具备完善的、合理的评价体制，从知识、思维和能力三个角度出发，对预期学习成果进行考核评估，同时还要反向思考教学设计是否合理，促进教学朝向预期学习成果发展。作为教师，要将单元作业完成情况、课堂表现、课后练习等作为教学产出成果，对学生进行过程性和终结性评价，每一项所占比例不同。在进行评价过程中，教师要综合学生多方面的因素，打破传统的约束，公平公正评价每一位学生。此外，通过多种活动组织学生进行英语活动，能够有效优化教学效果，提高学生英语的实际运用能力，同时还有助于激发学生学习积极性。

总而言之，高校要将 OBE 理论作为指导，积极融入混合式教学模式，促进英语教学改革创新。作为高校英语教师，要熟练掌握网络教学平台，具备将线上线下教学活动相融合的能力，有效促进教学目标顺利完成。除此之外，在 OBE 理念引导下，教师要明确各单元的教学目标，科学合理进行教学活动，有效调动学生的学习热情，帮助学生通过学习获得成就感，对自己充满自信。同时，教师还要将教学目标完成情况作为依据进行反思，对教学设计进行科学合理调整，促进接下来的教学顺利进行，有效完成高校英语教学目标。

第二节 人工智能视野下高校英语混合式课堂教学构建

从高校教育阶段的英语教学目的来看，其核心主要在于语言应用能力的培养，要达成这一目标，仅仅依靠单一的课堂内教学远远不够，在缺乏课外训练的情况下容易导致学生出现语义理解、口语表达方面的短板，不利于全面应用能力的构建。因此，以"线上＋线下"为特征的混合式教学模式在高校英语课堂逐渐兴起，在很大程度上弥补了以往单一性教学模式的不足，也更有利于为人工智能等现代教学技术的引入与应用扩大空间。但由于长期受传统教学模式影响，人工智能与混合式教学模式在高校英语课堂中的融合构建容易受阻，需要以科学合理的策略加以推进，现提出相应方案。

"人工智能技术是建立在计算机信息处理基础上的一种智能化技术，能够对人类行为逻辑、方式及习惯做出相应的解析与模仿，使机器的运作能够在智能程序的驱使下更贴合人类的交互需求。"[①] 基于这一应用方向，人工智能技术主要由理论研究与工程研究两个方面共同推进完整体系的构建，其中，理论研究工作旨在为后续工程研究的实践奠定基础，重点一般放在对现有技术经验的总结探索、对相关理论体系的整合提炼等方向；工程研究工作则旨在利用现有人工智能技术独立完成产品的开发与设计，重点一般放在人工智能系统与设备的应用、新产品的研发实验与调整改进等。从人工智能目前的主要功能来看，大致可分为三类：一是通过智能系统完成信息的存储、提取及内部处理；二是通过智能化能力完成信息的符号化处理；三是建立与人类行为逻辑相近的程序逻辑，并利用这一能力对人类提出的问题予以解答或处理。从语言学习的视角来看，人工智能的功能呈现更为具体，如语言解析技术、语言识别技术、语言翻译技术等均较为常见，随着人工智能普及率的增长，这些技术在语言教学课堂中的利用也更为广泛，且目前仍处于不断升级的进程当中，为语言教育方式的革新转变带来了巨大的契机。

一、人工智能视野下高校英语混合式教学模式的应用

（一）听力训练：应用语料库完成自动化资源匹配及交互

听力训练属于英语教学中的基础部分，对于学生英语应用能力的构建有着决定性影响，且听力资源的广度及与学习需求的匹配度在很大程度上决定着学习效果。因此，在构建高校英语混合式教学模式时，可将人工智能技术作为打开听力训练资源广度的关键渠道，借助其特有的语料库储备来完成自动化匹配、交互，使学生能够快速在庞大的英语听力素材中获取与自身学习需求相符的听力资料，并根据资料内容，与人工智能设备展开具有针对

① 王欣.人工智能视野下高校英语混合式教学模式构建策略［J］.太原城市职业技术学院学报，2020（11）：110.

性的自动化练习。首先，学生可在线上人工智能系统中录入自己的年龄、学段、英语听力基础、重点训练方向等基本资料，由系统根据数据资料自动筛选、匹配相应的听力材料，从而省略手动搜集资料的繁琐工序。另外，为进一步增强线下课堂学习与情境的交互性，还可进一步利用人工智能的自动识别功能，由学生根据学习需求，随机选取某物体进行扫描，再由系统根据识别出的物品类别筛选出相关的听力练习资料，使学生能够在自动且随机的语言场景中获得更良好的学习体验。例如，当学生选择"手机"这一物品进行识别后，语料库便可自动筛选出与"手机"有关的听力材料，整理出类似主题 The relevance of mobile phones and modern life，学生再根据听力内容展开自主练习，从而规避千篇一律的重复训练。

（二）写作指导：应用自动批改功能完成查漏补缺

英语教学中，写作是用于锻炼学生词句表述水平、语法运用水平的重要环节，但传统英语写作教学课堂常受困于题材范围狭窄、批改过于主观等因素，既不利于学生创造能力的发挥，也容易导致学生对于自身英语写作的优缺点难以客观把握。因此，在利用人工智能技术展开英语写作指导时，同样可由线上、线下两个不同角度出发，分别借助框架搭建功能与自动批改功能完成的自我审视与查漏补缺，进一步夯实英语书面表述能力。线上教学中，首先可由教师向学生布置以某一话题或某一词汇为主题的写作任务，如"Economic globalization"，学生根据自身思路，在人工智能技术支持下的作文系统中进行写作，系统则由此发挥框架搭建功能，结合主题与基本思路提供大致的框架模板，以及用作参考的相关词汇、句式，使学生能够跟随框架的指导，形成更为清晰的写作逻辑链条，达到深化表达的训练目的。线下教学中，首先可针对经过系统自动批改后的写作内容与批改意见进行回顾，找出系统评测下的亮点与不足所在，梳理出写作过程中的存疑之处，通过与他人交流和询问教师的形式找出解决办法，并于课堂上完成习作修改，最后由教师根据写作主题，给出主观意见，从而达到主客观相结合的综合评定目的，使反馈成果更具辅助改进意义。

（三）翻译练习：应用云平台技术实现重难点突破

英语翻译是以足够的词句积累、听力练习为基础的语言转换过程，对于学习者的语法运用水平、实时解析能力、组织表达能力都具有较高要求，因此学习过程中的重难点也相对更多，如何提高翻译精准性成为教学过程中的重要问题。人工智能支持下的云平台应用能够为英语翻译教学带来新的渠道，一方面可通过创设翻译情境来使学生快速投入到语言环境当中；另一方面也可透过知识模块拆分功能来理顺语句间的联系，从而使得翻译精确性提升。首先，可在线下课堂当中借助人工智能技术来营造身临其境的语言氛围，如通过追踪文本内容，自动化匹配并呈现与之相关的场景，给人以身临其境之感，如在进行"For a time, the weather changed suddenly, heavy rain and thunder, pedestrians on the road were looking for eaves to avoid." 一句的翻译时，系统可自动提取"Thunderstorm"这一关键词，并在设备中播放关于"暴雨雷鸣"的音像，将学生引入语言情境当中。在情景背景下完成翻译练习后，学生可各自将翻译成果上传至线上云平台，由云平台根据翻译内容，出具动态的评价链条，对翻译结果进行量化评定，使学生更快地从中厘清重点、难点，并结合不同的知识模块展开针对性补充练习。

（四）口语对话：应用人工智能机器人展开一对一对话

高校教育阶段，英语教学的最终诉求在于实际语言应用能力的构建，因此，口语对话练习成为贯穿教学始终的必要环节，关系着学生最终能否将课堂学习成果转化为语言应用基础。人工智能技术的出现，在很大程度上打破了以往英语课堂中对话组织困难的僵局，学生可通过与人工智能机器人建立起一对一的对话关系，来解决师资有限而同学指导能力不足的问题，同时取得训练成效与查漏补缺成效。学生在进行线上自主练习时，可根据想要练习的方向设置关键词或主题，再将人工智能机器人作为对话对象，围绕主题展开聊天式对话，从而达到口语训练目的，同时还可避免与真人对话时羞于启齿的情况，有助于在放松状态下激发出更良好的表达水平。线下课堂教学中，同样可利用人工智能机器人来催化练习效果，例如，在组织小组口语练习时，为避免话题匮乏、接话困难的情况，可利用智能机器人来提供一些固定的框架或句式搭配，并根据不同成员的薄弱点，对对话的层级与难度进行适当智能化调整，从而实现对话练习效果的提升。

二、人工智能视野下完善高校英语混合式教学模式的策略

（一）完善教学管理系统，拓展混合式教学范围

无论是人工智能技术还是混合式教学模式的利用，都需要以完善的教学管理系统作为依托，才能够最大限度发挥其价值与成效，真正在教育工作中起到支持作用。因此，在构建高校英语混合式教学模式的同时，还需要紧密结合内部教学需求与教学现状，组织校内各部门共同参与到教学管理工作中来，积极发挥监督与合作职能，在寻求改革发展契机的同时进一步拓宽混合式教学的应用范围。一方面，打造以融入人工智能技术为核心的混合式教学方案，将其应用于英语教学工作当中，动态化观察各阶段教学成果，并用作后期修改教学管理方向的依据，同时积极举办教学比赛及教学研讨会议，以便及时发现方案中的问题所在；另一方面，将混合教学范围逐步扩大，如尝试通过校外拓展实践来探索人工智能的新应用渠道，同时建立综合线上、线下两个教学环节评价指标的教学反馈体系，以便于及时由反馈体系当中获取新的教学动向，并由此探索更利于发展的新模式。人工智能背景下的英语混合式教学，是以完善的教学管理系统为先导的，必须要不断地对教学管理系统进行完善，有效地拓展并延伸混合教学范围，才能够最大化地提升混合式英语教学的实际意义，真正促进教学质量的提升，为学生的成长和发展奠定坚实的基础。

（二）优化课件制作体系，凸显合作互动的功能

除混合式教学方法的应用外，英语教学课件的制作也直接影响着最终教学成效。为突出人工智能技术的教学优势，在后期英语混合式教学课件的制作中，可进一步强调学习过程中的合作与互动，通过留置更大的交互空间来激发个体的主观能动性，从而达到强化训练效果的目的。一方面，高校可组建精于网课制作的教师队伍，在分析人工智能教学数据、总结以往经验的基础上，尽可能地丰富素材、去粗取精，使学生在线上学习中获得更优体验；积极打造线上精品网课，带给学生专业化的网络课程内容，使之可以从中收获知识的积累和能力的提升，此外还可以将精品网课作为范本在其他高校进行推广，这既可以进行课程推广还能够实现学术交流，以此来更好地强化课件制作效果；另一方面，在线下课件的制作中，更多地增加由学生作为主导的实践板块，如互动对话环节、实时翻译环节等，从根源上提高学生在混合式课堂中的参与度。总而言之，在人工智能背景下，积极开展英语混合式教学，必须要以优质课件制作体系为先导，以课件优势来促进学生对于知识的吸收，这样有助于最大化发挥混合式英语教学的意义，强化教学实效性。

（三）重建教学评价制度，设置多元化考核指标

在混合式教学模式践行基础上，可通过重建教学评价制度、设置多元化考核指标来进一步推进教学质量的提升。例如，除了平时表现，期末考试成绩作为基础考核以外，可另外增加线上教学评价板块，即将学生在线资源学习情况、线上线下课堂活跃度以及师生互动情况等都纳入评价考核范围。借助人工智能技术及网络平台，将学生的学习情况细化为多个考核内容，如听、说、读、写能力的构建情况等，从而保证考核结果更加公正、有效，能够真实反映学生的学习情况以及英语应用水平，并帮助学生完成针对性改进。此外，为了进一步延伸教学评价效果，可以通过线上师生互评、学生互评、小组评价、学生自我评价等方式来实施多元化评价，这样通过多维度、多元化的混合式评价，有助于实现最真实、最客观、最全面的教学评价，能够全面衡量教学质量和教学效果，以便于为后续的教学改进创造基础。

第三节　大数据时代基于 SPOC 的高校英语
任务型教学实践

大数据时代的来临进一步推动了信息技术的快速发展，社会生活的方方面面都受到大数据的影响，人们的工作、学习、生活等都因为信息技术的发展而发生着巨大变化。社会对英语人才有了更高的需求，旨在寻找具有较高英语综合能力和较强自主学习能力的英语

人才。但同时，英语教育也是不断变化的，只有充分利用大数据时代进行教育的革新，以新的教学模式、新的视角、新的教学法才能推动大学英语教学的发展。

任务型语言教学法（TBLT）是一种将传统的授课模式和交际法相结合的教学方法，此教学法还弥补了多媒体教学的一些缺陷。随着移动互联网的迅速普及，传统的教学方法受到了很大的冲击。互联网以其成本低、高效率、快速性、便捷性的特点受到了当代社会人们的喜爱，尤其是当代大学生的青睐。互联网同时也带来了MOOC、SPOC等教学平台的出现，现如今，如何将网络教学和传统的大学英语教学相结合，已经成为大学英语教学改革的热点话题。

任务型教学法的全称为：Task-based Language Teaching。任务型教学法即教师通过让学生参与、体验、实践、交流、合作等多种方式，完成教学任务，实现教学目标。任务型教学法重视以人为本，以学生为中心，帮助学生解决现实中遇到的问题，提高学生的语言综合能力。教师在教学的过程中根据以上的教学理念设计教学任务，任务应具有真实性。同时，教师在完成任务的过程中鼓励学生积极参与、交流合作、相互讨论等来帮助学生完成任务，以达到学习语言的效果。

任务型语言教学认为，功能语言教学更加强调语言的功能而忽略了语言的真实性，所以以功能为基础的教学活动并不是来自真实的生活，顶多只能称其为"准交际"，而任务型语言教学活动更加注重语言的真实性、课堂教学活动的真实性，强调学生必须在真实的语言环境下使用语言。此外，教师在发布任务的时候一定要精心设计教学任务，任务必须和真实的任务具有同样的效果。任务型语言教学的基础，一部分来自二语习得理论，另一部分来自建构主义理论。二语习得理论重视语言习得，它主张教师在教授课程和学生在学习过程中，应更加重视语言的自然习得，将真实的生活场景引入课堂，为学生和教师创造一个轻松、愉悦的学习环境，以此让学生更好地掌握语言知识和语言技能。建构主义理论首先是以学生为中心，更加强调学习者之间的互动、交流和合作，同时，它认为知识的传递不是只靠教师单一的灌输方式，更应强调个人经验和已有知识的构建。因此，任务型教学法是比传统教学方式优势明显的教学方法，但是随着大数据网络时代的到来，任务型教学法也同样受到了挑战。

SPOC 即 Small Private Online Course，指小规模限制性在线课程。不同于MOOC，SPOC 需要满足小规模的在线课程学习。学习者应是一些特定人群，学习的课程需针对特定的教学内容或目标，同时发挥线下课堂的补充作用。在信息化时代下，很多教育工作者开始探索教学资源的新模式——"线上SPOC+线下传统课堂"，实施新兴的SPOC混合式学习模式。利用SPOC平台开展线上线下混合式教学模式，教师将在教学过程中发挥其引导、启发、监控、评价等主导作用，学生发挥其在学习过程中主体的主动性、积极性和创造性。现阶段，我国针对SPOC已经开展了大量的理论研究与教学实践，例如，哈佛大学的法学院在版权法课程中引入SPOC课程，以混合式教学模式与学习模式提升课程水平。

我国高校也开始重视 SPOC，例如，清华大学"学堂在线"推出了"云计算与软件工程"课程 SPOC 实验班，同时还对大学英语课程等进行了 SPOC 平台的打造。大学英语教学模式也会因为 SPOC 线上课程变得更加灵活，学生和教师的交流更加积极、更加主动，从而使得教师能更好地把握学生的学习情况。总而言之，将线上 MOOC 与线下课堂有机融合在一起可以充分发挥两者的优势。

SPOC 线上教学和大学英语任务型教学模式相结合的重要理论支撑是混合式学习理论。混合式理论是将传统的线下教学与在线学习结合在一起的一种学习方式。这种教学模式倡导以学习者为中心，强调教师主导作用和学生主体地位相融合。同时，该教学模式减轻了教师的负担，使教师有更多的精力从事教学任务的设计和指导，弥补了传统课堂上时间限制、空间限制和资源限制等问题，从而大幅度提高了整个教学效率。

一、线上教学和线下教学实践

（一）线上教学实践

基于 SPOC 的大学英语任务型教学模式，需要在教学环节中更加注重线上教学。SPOC 线上教学主要包括视频、练习、回帖、知识拓展等。线上学习内容包括线上学习部分、混合辅导部分。

课前，教师将中国大学 MOOC 平台上的《大学英语（听力）》的第一章节推送给学生。学生进入中国大学 MOOC 平台进行注册、认证，找到 SPOC 课程，课程平台上可以看到教师所推送的公告、评分标准、课堂要求、课件、作业、考试、答疑等不同的模块。学生自行下载中国大学 MOOC 手机 APP，随时随地进行视频的学习。

开课前，对学生进行分组，组建任务组腾讯 QQ 群。建立腾讯 QQ 群的目的是通过建立任务组更好地实现学生与教师的交流以及学生与学生之间的交流。腾讯 QQ 群的建立是通过对学生的调查，了解到学生平时最常用的移动工具是手机，而最喜欢的社交软件就是腾讯 QQ 和微信。课前，教师定期发布 SPOC 课程内容，学生需在课前在线完成自主学习任务，通过学校的课程平台，教师可以监测到学生的网上在线学习时长、任务完成情况、回帖数、参与讨论等。通过对学生的学习成果进行监控，教师可以深刻地了解学生的学习进度、学习效果和学习结果。

（二）线下教学实践

线下学习应该和线上学习相互补充，线上学习的问题会通过线下的方式反馈给学生，但同时，对学生的线上学习教师应该进行引导。在日常学习英语的过程中：第一，教师应给学生推荐一些提高英语水平的 APP，帮助学生进行线下自学并提高英语学习的能力；第二，SPOC 线上学习虽说是学生自学的一个过程，但是课下教师应该设置一些与线上内容相似的学习任务，鼓励学生小组进行交流、分工协作、小组展示等；第三，教师在课下需同样重视线下内容和线上内容的交叉学习、交流学习；第四，在此基础上，要求每一组学生针对视频资料及学习后的成果各提出一个问题，每组问题互换，分别完成其他组提出的任务问题，线下学习，教师同样可以使用学习通等APP，让课堂活动更加丰富多彩；第五，尝试通过各个环节对大学英语课堂进行评估、教师评价、同行评价和效果反馈，以实现课堂教学效果的进一步提高和完善。

二、"任务前""任务中"和"任务后"教学实践

根据任务型语言教学的特点，我们把大学英语的教学任务实施分为"任务前""任务中"和"任务后"。

第一，任务前。教师通过超星学习通平台智能信息系统，在群公告里发布 SPOC 线上学习内容。同时，引导学生通过网络进行自主学习，在学习的过程中发现学习难点。通过对线上数字化立体教材进行认真学习、讨论、交流、教师简答讲解等手段，通过 SPOC 平台数据的系统性分析，精确地了解学生对线上学习内容的掌握。

第二，任务中。通过任务前、线上 SPOC 资源的推送，学生对自己所学的课程有了比较全面的了解，同时，任课教师根据自己 SPOC 平台里的任务，设计与课堂内容相关的课堂活动和课堂任务以及任务要求。线下课堂是线上课堂的延伸，将更加有针对性地解决学生在线上学习过程中出现的问题和难点。通过 SPOC 的线上线下教学模式的实现，能够将学生的学情、教学内容的选择、教学的重点和难点、教学目标、教学设计等完美地表现出来。此教学模式最终希望提高学生的学习主动性、积极性、创新性，以及学生自主学习能力、小组合作能力以及解决问题和发现问题的能力。

第三，任务后。检验一节课是否能上好，除了上课的效果外，最重要的仍然是教学评价。大多数的评价方式仍然是终结性评价，但是随着课堂模式的更新、课堂活动的多样化，形成性评价也被用作期末成绩的参考数据。学生自评、学生互评、教师评价是形成性评价重要的三个方面。学生自评是指学生对自己每次完成作业、任务、活动等做一个文字性的总结交给教师，教师对学生进行评价。学生互评是指在任务教学过程中，小组代表对小组的活动进行总结和展示，学生进行组内互评、组间互评等。教师评价是指教师就学生的网上测评、网络平台参与度、作业完成情况、课堂表现等情况进行评价。

综上所述，基于 SPOC 的大学英语任务型教学的线上线下混合教学模式，有利于培养学生的深度自主学习能力、团结协作精神，提高学生分析问题和解决问题的能力。这种教学模式能真正实现从学生的需求出发，因材施教。SPOC 线上平台为传统的大学英语教学模式提供了很多的便利资源，同时也很适合大数据时代的特点。但是，新的教学模式同时也面临着一些问题，例如学生线上学习行为的真实性监控，希望在不久的将来可以引入人脸识别等信息化技术，为个性化教学提供更多支持。

参考文献

[1]陈娟文，王娜，李金玉.基于大学英语混合式教学模式的实践共同体探究[J].现代教育技术，2017，27（9）：79-84.

[2]陈婷婷，何守仁.新媒体时代大学英语听力混合式教学研究[J].科教导刊，2021（22）：122-124.

[3]陈卫东，刘欣红，王海燕.混合学习的本质探析[J].现代远距离教育，2010（5）：30-33.

[4]程亚品."互联网+"时代下信息技术与英语教学的深度融合[M].天津：天津科学技术出版社，2019.

[5]崔校平，王兰忠.基于MOOC的大学英语网络教学系统探析[J].现代教育技术，2015，25（4）：59-64.

[6]甘晔.基于在线直播课的混合式大学英语教学研究[J].教育学术月刊，2017（11）：79-87.

[7]何琳玲.大学英语混合式教学模式设计现状与策略探究[J].福建茶叶，2020，42（3）：160.

[8]黄一平.信息技术与大学英语教学的有效整合路径[J].教育信息化论坛，2021（7）：10-11.

[9]金炯.高职大学英语线上线下混合式教学设计探讨[J].继续教育研究，2020（3）：109-112.

[10]孔标.基于慕课的大学英语混合式教学生态模式构建[J].闽南师范大学学报（哲学社会科学版），2021，35（3）：136-142.

[11]邻滨，何娟.关于高校英语教学中英语交际教学法的思考[J].课程教育研究，2016（37）：97.

[12]雷娜.大学英语教学技巧探讨[J].继续教育研究，2008（8）：75-76.

[13]冷虹燕.大学英语混合式教学评价体系研究[J].现代英语，2021（19）：16.

[14]冷虹燕.线上线下"混合式"教学模式在民办高校大学英语读写课程中的应用和研究[J].福建茶叶，2019，41（11）：104-105.

[15]李芳，郭怡然.OBE理念下高校英语混合式教学模式探索[J].现代英语，2021（18）：22.

[16]梁颖珊.VR技术在高校英语教学中的应用研究[J].佳木斯职业学院学报，2019（2）：210.

[17]刘梅，彭慧，仝丹.多元文化理念与英语教学研究[M].延吉：延边大学出版社，2018.

[18]马茂祥，胡艳玲.论大学英语教学的理论自觉[J].学术界，2010（6）：140-146，271-276.

[19]马悦.混合式教学模式下大学英语课堂的生态建构[J].内蒙古师范大学学报（教育科学版），2018，31（9）：88-92.

[20]门悦，郭旭东.大数据时代下高校英语教学改革与实践探索[J].现代英语，2021（1）：20.

[21]蒙岚.混合式教学模式下大学英语课程思政路径[J].社会科学家，2020（12）：136-141.

[22]秦丽莉，何艳华，欧阳西贝.大学英语混合式教学的"生态给养"转化有效性研究[J].外语界，2020（6）：79-86.

[23]任艳，马永辉.混合式教学理念下大学英语师生"双师"教学模式研究[J].黑龙江高教研究，2019（12）：153-156.

[24]任杨，何高大.教育信息技术下大学英语教学有效性研究的思考[J].现代远距离教育，2014（3）：54.

[25]申志华.大学英语混合式学习实践研究[J].福建茶叶，2020，42（2）：231-232.

[26]宋琳琳，张丽.融合混合式教学改革大学英语精读课程[J].中国成人教育，2019（19）：66-68.

[27]孙志伟，李小平，张琳，等.虚拟现实技术下的学习空间扩展研究[J].电化教育研究，2019（7）：76-83.

[28]唐彬.基于微课的大学英语混合式教学模式研究[J].湖北开放职业学院学报，2020，33（16）：158.

[29]田忠山，苗凤波.大学英语混合式教学模式校本实践研究[J].内蒙古师范大学学报（教育科学版），2018，31（11）：92-96.

[30]王丽丽，张晓慧.基于产出导向的大学英语混合式"一流课程"建设研究[J].黑龙江高教研究，2021，39（3）：146-151.

[31]王璐.关于混合式教学模式在大学英语阅读教学中的应用分析[J].海外英语，2021（5）：108.

[32]王欣.人工智能视野下高校英语混合式教学模式构建策略[J].太原城市职业技术学院学报，2020（11）：110.

[33]王亚敏.新媒体下大学英语混合式教学模式探究[J].中国报业，2022（4）：88-89.

[34]王雁冰.高校大学英语微课教学中存在的问题与对策研究[J].高教学刊,2018(24):130-132.

[35]王泽华.基于"学习通"的大学英语混合式学习模式构建[J].福建茶叶,2020,42(3):427.

[36]辛悦,李红.基于移动学习的高职大学英语混合式教学实践与研究[J].福建茶叶,2019,41(12):148-149.

[37]徐畅.基于翻转课堂的大学英语混合式教学模式与创新[J].黑龙江教师发展学院学报,2022,41(3):146.

[38]许习.基于信息技术的大学英语口语混合式教学模式研究[J].现代英语,2021(9):25-27.

[39]杨芳,魏兴,张文霞.大学英语混合式教学模式探析[J].外语电化教学,2017(1):21-28.

[40]杨丽华,黄懿.全人教育理念下大学英语写作混合式教学实践[J].教育观察,2021,10(34):115-117.

[41]于辉.当代大学英语教学改革多元化趋势研究[M].长春:吉林大学出版社,2018.

[42]贠玮,朱静.大数据时代下基于SPOC的大学英语任务型教学模式实践改革[J].现代职业教育,2020(27):194-195.

[43]张家军,闫君子.论智能技术赋权下学习空间的诠释与建构[J].远程教育杂志,2021,39(4):62-71.

[44]赵建华.混合学习应用的理论与方法[M].北京:中央广播电视大学出版社,2015.

[45]周晓娴.多元化文化理念与当代英语教学策略研究[M].天津:天津科学技术出版社,2017.